# 伝説の経営者100人の世界一短い成功哲学

田原総一朗

白秋社

# まえがき——コロナ禍後の世界に活きる珠玉の言葉

　昭和、平成、そして令和。ジャーナリストとして五〇年以上活動し、数え切れないほど多くの人に会い、話を聞いてきた。軽く一万人は超えているであろう。政治家、官僚、学者、そして経営者——。企業と社員の運命を背負う経営者たちの話は、時代背景を色濃く映し刺激的であり、その言葉はインタビューする私の心を射抜いた。

「副社長や専務と、社長との違いが分かりますか？　誰も決めてくれない、自分が決断しなければならない。それが社長になるということです」

　ある経営者はいった。その重圧たるや、想像を絶するものがあるだろう。

　しかし、そういいながらも、心身ともに元気な経営者の何と多かったことか。

「一度決めてしまったことは忘れます。くよくよしてもしようがない。眠れないということはありませんね」

　そういって豪快に笑う経営者が少なからずいたのは、決して偶然ではない。要するに、健康であり、それくらいさっぱりと物事を忘れられる性格でなければ、企業を背負うという重職は務まらないのだ。特に戦中、戦後の厳しい時代を知っている経営者に、そんなタイプが多かったように思う。

時代は下って、高度成長が終わり、バブル経済があり、そして崩壊した。

「会社勤めだけが人生ではない、起業は面白いぞ」と、多くの若者に知らしめたのは堀江貴文《ほりえたかふみ》だった。様々な意味で目立ちすぎ、メディアや司法に狙われてしまった堀江を見た「ポスト・ホリエモン」世代が、派手さを抑えつつ自分たちのやりたいことを実現していく姿に、私はある種のたくましさを感じたものだ。

そして、あの東日本大震災があった。

震災は日本に様々な形で爪痕を残したが、一方で若手起業家たちの心にも、大きな何かを残した。自分が何かをしなければ――。「社会をビジネスで変える」という意識が、震災を契機に高まり、「社会起業家」という肩書をよく目にするようにもなった。これもまた素晴らしい変化だと思う。

デフレ、不景気時代に入ると、「景気の良い日本」を知らない世代から起業家が生まれる。「成り上がろう」「会社を大きくしよう」という意識が希薄な起業家に出会ったときは、衝撃だった。

「大きくしたいとは思いません。仲間とやっていければいい」と、さっぱりという。「景気の良い日本」を知らないけれど、戦後のような「飢える貧しさ」も知らないという要因があるのだろう。彼らは「年商何億」「社員何名」など、数で勝負することを望まない。もちろん、自らが大組織の一部になることも否定する。

「大企業に入っても信用できない」、あるいは「人生の目標が、『四〇歳で課長や部長』ということに違和感があった」という話を幾度も聞いた。彼らは一度も就職せず、就職の選択肢として「起業」する。

大企業になぜ魅力がなくなったのか。

もちろん大企業も、かつてはチャレンジングな場所だった。しかし、企業が大きく成長し、悪い意味で成熟すると、「守りの経営」になってしまう。内部留保は貯めながら、設備投資も新開発もしない企業が何と多いことか。大きな成長が見込めない時代だから、その傾向はますます強くなる。チャレンジしたい人間ほど、それは退屈であるし、「だったら、自分で何かやったほうがいい」と考えるのは、ごく自然な流れだろう。

起業が増えた背景にはもちろん、ＩＴの発達がある。大きな工場や設備、あるいは店舗がなくても、パソコンさえあれば事業を起こせる時代になったのだ。長年、日本経済を取材してきた者としては、こうした変化は感慨深くもあり、しかし非常に面白い時代になったものだとも思う。

ひと頃、若い世代を指して「草食系」と揶揄《やゆ》する言い方があった。しかし、多くの若手起業家を取材していくうちに、それは単なる文化や表現の違いであって、実際にはチャレンジングな若者が実に多いことがよく分かった。私は、起業家はもちろん、大企業のなかで挑戦し続ける人間も大好きだ。彼らが作る新しい世界を、一緒に面白がりたいと思う。

経営者の特質は、もちろん彼らが生きた時代だけによって分けられるものではない。本書で紹介した経営者たちを、以下の六つのタイプに分けて章立てしてみた。

① 自らのアイデアを商品化し、事業を起こした「アイデア猛進型」
② ＩＴとＩＴ社会の特質を最大限利用し、事業化した「ＩＴフル活用型」
③ 心から「社会に貢献するのだ」としゃにむに働き、事業を起こした「実直社会貢献型」
④ 逆境にこそ燃え、様々な悪条件をはねのけて成長した「逆境エネルギー型」
⑤ とらえどころのない感覚を持ち、その自らの「感覚」をよりどころとして会社を展開した「直感ヒラメキ型」
⑥ 日本独特の企業風土を否定せず、現実を見て会社の舵《かじ》を取る「柔軟リアリスト型」

もちろん、タイプ分けは私の独断であり、異論はあるだろう。私も非常に迷ったが、こうして分けてみると、やはり確実に「型」というものがあり、実に興味深い。

また、結果的に事業に失敗した人、日本の刑法上有罪となった人も一定数含まれている。だからといって、このインタビュー集から外そうとは、まったく思わなかった。

人は彼らを「失敗した」「敗けた」というかもしれない。しかし、あらためてインタビューを読めば、他人が彼らの人生をどう評価しようが、きっと彼らは自分の生き方に満足しているのではないか、と思う。そして、その生き方はやはり、読む人に何か糧《かて》となるものを与えてくれるだろうと思うからだ。


「ワード・ポリティクス」という言葉がある。

アメリカには「ワード・ポリティクス」に長《た》けたリーダーが多い。たとえば、ジョージ・W・ブッシュ大統領は、二〇〇一年九月一一日に「同時多発テロ」が起きたとき、「民主主義国家に対するテロリストたちとの戦争」だといい切り、国民を一つにした。アメリカ国民の心をつかんだバラク・オバマ大統領の「Yes, we can.」は記憶に新しい。日本でも「自民党をぶっ壊す」と叫んで高支持率を得た小泉純一郎《こいずみじゅんいちろう》首相には、天才的な「ワード・ポリティクス」のセンスがあった。

企業の経営にも「ワード・ポリティクス」が必要である。特に時代の転換期や危機的な時期には、従業員や株主、そして社会を納得させ、共鳴させる決め手となる「言葉」が必要である。躍進する企業の経営者たちの多くは、私たちを唸《うな》らせる言葉、すなわちシンプルな「成功哲学」を持っている。

鋭く刺すような言葉、意表を突く言葉、深く共感する言葉、奮起させる言葉――一〇〇人の経営者たちの多様な言葉が、読者の心をも唸らせるのならば嬉しい。

そして、それらの言葉の一つ一つが、新型コロナウイルスで姿を変えた社会、多難な生活のなかで、読者の方々の一抹の清涼剤になれば、これに勝る幸せはない。

なお、本書に登場する経営者の肩書は、私の記憶に最も印象付けられている当時のものとさせていただいた。そのため、短い略歴も同時に掲載させていただいた。

田原総一朗《たはらそういちろう》

もくじ

# 第二章　ITフル活用型

第三章　実直社会貢献型

## 第四章　逆境エネルギー型

## 第五章 直感ヒラメキ型

## 第六章　柔軟リアリスト型

# 伝説の経営者100人の世界一短い成功哲学

# 第一章

# アイデア猛進型

# 日本人全体のなかで国民の総人事異動をしなきゃいけない

孫正義《そんまさよし》（ソフトバンク社長）

孫正義
一九五七（昭和三二）年、佐賀県に生まれる。七四（昭和四九）年、久留米大学附設高等学校を中退し渡米。七九（昭和五四）年、カリフォルニア大学バークレー校在学中、シャープに自動翻訳機を売却。その代金一億円を元手に八一（昭和五六）年、日本ソフトバンク（現ソフトバンクグループ）を設立。

近年、日本では「凄い経営者」というのが出てこなくなった。「この国をどうするか」と考えている経済人が、ほぼ見当たらないのだ。しかし、私は孫正義がそうだと感じている。日本で初めて孫にインタビューしたジャーナリストは、たぶん私だ。一九八一（昭和五六）年、孫が創業したばかりの「日本ソフトバンク」は、東京・麹町《こうじまち》のビルの地下の一室にあった。当時二四歳の孫に取材し終えると、なぜか孫はその日会ったばかりの私に、こういった。「会社案内を作っているので、推薦文を書いてほしいのです」。私は引き受け、「ソフトバンクは伸びる」というような文章を書いた。もちろん、孫の話を聞いて、そう実感したからである。その後のソフトバンクの成長は、私の予想をはるかに上回るものだった。

そしていま、この時代に日本はどう生き残ればいいのか。ぜひ孫に聞いてみたかった。「この情報化社会を迎えるに当たって日本はどうするか、このパラダイムシフトをどう迎えるかが大きな分かれ目です。これから五〇年、一〇〇年、日本は世界の落ちこぼれになるのか、もう一度競争力を取り戻せるのか。ところが、こう話しても分からない人がいるわけです」

孫はじれったそうに話し出した。私もまったく同意見だった。取材をしていても、この危機感を共有できない経営者や財界人が、あきれるほど多いのだ。

「経営者の方々と話していると、ものづくりを『組立業』ととらえている経営者がいまだに多い。組立業にノスタルジーを感じたり、そこに仏と魂があると思ったりしている。そんな亡霊がいるようでは、日本はもう復活できません」

そして、孫はアップルの成功例を引いた。

「スティーブ・ジョブズは、『アップルは組立業ではない、頭で勝負するイノベーションだ』と宣言し、全工場を売り払い、組立はすべて台湾の会社に発注するわけです。社員は新製品の開発や設計、最も付加価値の高い仕事をするようにしたのです」

たしかに、コストの高い日本で「組立業」にこだわれば、競争には勝てない。

「二〇世紀は、ものづくりでも大きな資本、大きな工場を持っているところが有利でした。これは資本主義の世界です。これからは、資本というより情報を上手に活用できる人々が強い。『情報の民主化』のようなものです。中小企業や個人でも、優れた能力、あるいは情報を活用する力さえあれば、大資本と互角に闘える時代が来た、ということだと思います」

では、ジョブズのような、孫のような発想を持つ経営者を生み出すためには、どうしたらいいのか。孫は、「それは、やはり教育の問題だ」といい切った。

「日本は農耕社会から工業社会に移行するとき、一八七二(明治五)年に義務教育制度を作りました。では、工業社会が終わったときに、どういう教育をするか。日本の復活のためには、日本人全体のなかで国民の総人事異動をしなきゃいけないと僕は思うのです。製造業に重点を置きすぎた教育ではなくて、頭で勝負をするところに教育のコンテンツをシフトしなきゃいけない」

孫はやはり「この国」を考えている、稀《まれ》な経営者である。私はあらためて実感した。

# 「朝令暮改」は一種の進歩なのです

盛田昭夫《もりたあきお》（ソニー会長）

盛田昭夫

一九二一（大正一〇）年、愛知県に生まれる。大阪帝国大学（現大阪大学）理学部物理学科卒業。四六（昭和二一）年、井深大《いぶかまさる》とソニーの前身である東京通信工業を設立、日本初のテープレコーダーを発売するなどして、ソニーを世界的企業に育てた。九九（平成一一）年没。

盛田昭夫は、人の話を聞くのがたいへん上手な人物であった。新幹線や飛行機で乗り合わせると、盛田は私の隣の乗客に席の交換を頼み、そこに座る。そして、政治や経済について、非常に熱心に聞いてきたものだ。聞き上手であり、好奇心旺盛であり、とても人懐《ひとなつ》こい人物であった。

盛田はオペラが好きで、私も何度かお誘いいただいた。開演前や幕間には、知り合いに声をかけ談笑している。ところが、いざ観劇になると、たいてい居眠りしているのだ。隣の奥さんが一生懸命起こそうとしているのが微笑《ほほえ》ましかった。奔放《ほんぽう》で、気取らず、恰好《かっこう》をつけない。その性格は人々から親しまれ、実業家から芸術家まで幅広い人脈を持っていた。

「要するに、私は超楽観主義者なのですよ」

盛田は私が取材した際にも、気取らず朗《ほが》らかにいった。

学生時代、海軍時代、ソニーを創立して以降、いくつもの問題に直面しながら、悲観的に考えたことは一度もない。その楽観性と努力によって、壁を乗り越えてきた、と語る。

といっても、のんびり穏やかに構えているのではない。とにかく、落ち込んだり悲観的になったりすることはない。盛田にいわせると、「そんな暇はないからね」というわけである。

また、盛田は「人間のテクノロジーをもってすれば、解決できない問題はない」とも考えていた。たとえば飢餓《きが》やエネルギーの問題でも、「人間のそれまでの経験をもってすれば解決できない問題ではない」と話していた。「前向きに努力さえすれば、どんなことでも必ず解決できる」と考えていたのだ。

創業以来、ソニーは模倣ではなく、独自の新分野を開発してきた。しかし、それは必ずしも新しい発明によるわけではない。既に存在する技術の応用によって作られたものでも、人のニーズに合えば成功し、新しい世界的な産業を作り出すこともできる。盛田はこういっていた。

「ウォークマンを見てください。既存の技術を組み合わせて、あれだけ面白いものが作れるのです」

ウォークマンは、音楽好きのある社員が自分用に作った再生専用のカセットプレーヤーをヒントに開発されたものだ。再生機能とヘッドフォン、そして小型化……既存の技術から、まったく新しい商品が誕生した。

盛田のモットーは、「失敗を恐れない」であった。社員にも常々「自分が正しいと思うことはどんどんやりなさい。たとえ失敗しても必ずそこから何かを学べるはず」と語っていた。とはいえ、一言こう付け加える。「ただし、あやまちは二度と繰り返さないように」と。

もう一つ、盛田がよく使った言葉が「朝令暮改」であった。間違ったと思うことは、「朝令暮改」でもどんどん変える。「変えることをいつまでも躊躇《ちゅうちょ》していたら、世の中はいまでも神《じん》武《む》天皇のときと同じになっていただろう。『朝令暮改』は一種の進歩なのです」――盛田の死後も、ソニーという企業には、こうした精神がDNAとして生きていたのではないか。だからこそ、一時の危機的状況から抜け出すことができた。私は、そう確信している。

# もし経営者がいなければ、企業はどうしても「組織保存の法則」のようなものに引きずられ、同じことを繰り返してしまう

**柳《やな》井《い》正《ただし》**（ファーストリテイリング社長）

柳井正
一九四九（昭和二四）年、山口県に生まれる。七一（昭和四六）年、早稲田大学政治経済学部卒業。父親の経営する小郡商事入社後、八四（昭和五九）年、「ユニクロ」第一号店を広島市に出店。九一（平成三）年、社名をファーストリテイリングに変更。同社会長兼社長。

柳井正。ご存じ「ユニクロ」を世界展開する、ファーストリテイリングの創業者であり、社長兼会長だ。柳井の言葉に、「企業は放っておくと倒産する」というものがある。分かる気もするのだが、どういう意味なのか、あらためて柳井に聞いてみた。

「企業を取り巻く環境は随時、変わっていきます。競争相手は日々工夫《くふう》しているし、新しい技術が生まれ、消費者の好みも変わる。当然、同じことをしていてはうまくいかなくなる。状況に応じ、計画を修正したり、事業のやり方を変えたりしていかなければならない。そこで企業には経営者が必要になります。

もし経営者がいなければ、企業はどうしても『組織保存の法則』のようなものに引きずられ、同じことを繰り返してしまうのです」

なるほど、私が見てきた「ダメになる企業」の経営者のなかにはリスクを恐れ、変わろうとしない、いわゆる「サラリーマン経営者」が多かった。それは、もはや経営者として機能しておらず、「組織保存の法則」に引きずられていたのだ。

「よくいう『安定経営』の実情はマンネリ経営、『考えない経営』です。いまの延長線上でがんばっていれば、将来もうまく行くということは絶対にありません。企業が生き残るためには『いま自分がしていることは間違っているんじゃないか』『気がつかないうちに世の中が変わっているんじゃないか』などと常に考え、改善していかなくてはなりません」

柳井は二〇〇五（平成一七）年の社内標語を、「即断・即決・即実行」としている。なぜ多くの企業の経営者は、これができないのか。

「まだ『追い詰められている』と思っていないからじゃないですか。日本は、経済が元気な中国やアジアの国が近くにあるので、本当はすごく有利なんです。日本が閉塞化《へいそくか》しているなら、隣に行ってビジネスをしなければいけない。これは本当に単純なことです。だから『即断・即決・即実行』しないといけない。目に見えているのに何もしないというのは、経営者の怠慢だと思いますね」

もちろん、経営者が「即断・即決・即実行」するということには、リスクが伴う。柳井は「経営とは、『リスクを計算したうえで、そのリスクを取る』ということ」と断言した。それは自分自身が何度も「リスクを取って」失敗もしているからだ。バーニーズ・ニューヨークの買収、中国進出やロンドン出店も、最初は失敗している。

「新しいことを始めたら、七～八割は失敗するのが当たり前」だと、柳井は断言する。しかし、当然ながら失敗したままでは終わらないのが柳井の凄さだ。トライ&エラーの連続で、決して立ち止まり逡巡《しゅんじゅん》することがない。これが成長を続ける企業のトップに必要な最大の資質だろうと思う。柳井はいう。

「経営というのは、スポーツのようなものですね。とにかく実際にやってみないと分からない。そして結果を出せなければ、いくら能書きをいってみても仕方がない。そういうものだと思います」

# とにかく、いまの仕事以外のことを考えろ

本田《ほんだ》宗一郎《そういちろう》（本田技研工業社長）

本田宗一郎

一九〇六（明治三九）年、静岡県に生まれる。一六歳で上京し、アート商会に就職、その後、浜松で東海精機を設立。ピストンリングの製造・販売を行う。第二次世界大戦後、原動機付自転車を発明。四八（昭和二三）年、本田技研工業を設立。九一（平成三）年没。

一九六六（昭和四一）年、私は初めて本田宗一郎に会った。本田はネクタイも締めず、アロハシャツにジーパンという姿だった。本田の口調は勢いが良く、まるで喧嘩《けんか》しているようだ。

私は、二代目社長の河島喜好《かわしまきよし》、三代目社長の久米是志《くめただし》ら、ホンダを継いだ人間にも何度も会って、本田の話を聞いている。彼らは日常的に本田から怒鳴られ、殴られていたと語った。

かつて、一〇〇人以上の部下を抱える部長が、大勢の前で本田に二発も殴られた。その理由は、ボルトの設計を間違えていたというものだった。殴られた部長は本田を睨《にら》み返した。

「たかがボルト一本でこんな扱いを受けるなら、そんな会社は辞めてやる」――まさにその言葉を叫ぼうとしたとき、その部長は息を呑んだ。

目の前の本田がぶるぶると手を震わせ、三角になった目にいっぱい涙を浮かべていたのである。大勢の社員の前で涙を浮かべ、真剣に怒る本田を見て、彼の怒りは消えた。開発に懸けるその裏表のない姿勢を見たとき、むしろ彼は本田に敬意を抱くようになったという。

本田はいつも、権力と闘い、権威を嫌った。四輪車製造に規制をかけようとする通商産業省（現経済産業省）とも闘った。「権威嫌い」の本田らしい逸話《いつわ》には事欠《ことか》かない。

八五（昭和六〇）年、ホンダが南青山に本社ビルを建設したときのことだ。ある日、建設現場にやって来た本田は、完成間近の玄関付近を見て、凄い勢いで怒り出した。

「これは何だ！」

本田が咎《とが》めたのは、正面玄関の円柱だった。

「円柱というものは、権威の象徴だ。ホンダの顔ともいうべき玄関に円柱を建てるということは、ホンダが権威になったと世界に宣言するようなものじゃないか」

そこで、当初の予定は変更され、半円が向かい合う形になったという。

ホンダには、いまでも社長室や役員専用の個室はまったくない。創業当時はあったのだが、本田がいつも語る「社長は役割に過ぎない。人間としては一緒だ」という考えに基づき、あるとき全廃されたのである。本田はホテルの受付などでは、その職業欄に、常に「会社員」と書いたという。

本田は社員に会うと、「いま何を考えてる?」と、いつも尋ねた。「業務以外のことで」という意味である。「何も考えていない」と答えると、本田は「だったら会社を辞めろ」と怒る。そして、いま考えていることを社員が話すと、三〇分でも一時間でも聴いていたという。

「とにかく、いまの仕事以外のことを考えろ」ということなのだ。そこから新しい技術が生まれ、開発につながる。本田がいかに新しい技術を大事にしたかが分かる逸話である。

「チャレンジ」という言葉は、本田の代名詞のように使われているが、子どもの頃から何でも自分でやってみないと気が済まない性格だった。本田はよく語った。

「人は『見たり』『聞いたり』『試したり』、この三つが大事なのだが、多くの人は『見たり』『聞いたり』ばかりで『試す』ことをほとんどしない。試す場合は失敗が付きもの、しかしそれを恐れていてはダメだ。みんな、怖くて試さない、それをやるんだ」

# 企業の社会的役割で一番重要なのは雇用です。だから、人数が多いのはいいこと

川上量生《かわかみのぶお》（ドワンゴ会長）

川上量生

一九六八（昭和四三）年、愛媛県に生まれる。九一（平成三）年、京都大学工学部卒業、ソフトウェアジャパン入社。同社の倒産後、九七（平成九）年、ドワンゴを設立する。二〇一五（平成二七）年、KADOKAWA・DWANGO社長に就任。現在、ドワンゴ顧問。

「あまり考えてませんね。明確な方針は出してないです」

ドワンゴ会長の川上量生から、いきなり意外な答えが返ってきた。ドワンゴといえば、「ニコニコ動画」という画期的なメディアをスタートさせた会社である。私は、当然ながら、ドワンゴが、そして「ニコニコ動画」が目指すものを聞いたのだった。

「僕の仕事のスタイルはサラリーマンです。サラリーマンは何かといったら、与えられた仕事をこなすことです。ドワンゴは着メロと『ニコ動』で大きくなった会社ですが、どちらも僕がやりたいからやったわけじゃない。このままだと会社が潰れるから、何か新しいことをやらなくちゃいけないと、必要に迫られてやっただけですよ、本当に」

川上は、つまり何か夢があるわけではなく、売れるサービスを作ろうとしただけだという。しかし、それでも川上は私たちが驚くようなものを世に出してくる。「ニコ動」については、「動画生放送で勝負しようと思って、その前にテストで動画サービスを作ったら、当たってしまった」そうだ。凡人としては、何やら悔しい気分になる。

私は、「ニコ動」は新しい時代のテレビ局を目指しているのかと思っていたのだが、川上はきっぱりと否定した。

「それは考えたことがないです。テレビ局や新聞社と同じことをするなら、別に要らないじゃないですか。ドワンゴはエンターテインメントの会社です。『ニコ動』で既存のメディアの人たちがやらないことを平然とやってみれば、面白いかな、と」

その一例が、政治家の小沢一郎《おざわいちろう》を出演させたことだろう。当時、小沢はメディアから大批判され、叩かれまくっていた。そのため川上は、小沢を出演させたことによって批判されたという。

「政治家は人をだますのだから、メディアが発言をそのまま流すのはおかしい、と批判されました。でも、それは見ている人が判断すること。だいたい、政治家は嘘《うそ》をつくといっているメディアの人たちが、見識が高いようには見えない。僕は、批判されている人、もうメディアが絶対にいいことは書いてくれない人にこそ、『ニコ動』に出てもらうべきだと思っています」

二〇一四（平成二六）年、ドワンゴはKADOKAWAと経営統合した。取材した一五（平成二七）年現在、社員が三〇〇〇人の大所帯になっている。多すぎる気もするのだが……。

「本当ですよね。でも、企業の社会的役割で一番重要なのは雇用です。だから、人数が多いのはいいこと。うちは多すぎますが、それだけ社会のために役に立つ人間を雇っているわけだから、多すぎることに胸を張ってもいい。もちろん、その分、儲《もう》けます」

具体的には、ゲーム事業、そして教育事業と展開していく、と自信にあふれる表情で語った。それは自らがいう「サラリーマン」というより、経営者であり、事業家の顔だった。

川上の語った教育事業とは、一六（平成二八）年に開設した通信制の「N高等学校」のことだ。川上は「生徒が誇りを持てる通信制高校にしたい」と語っていた。その言葉どおり、ユニークな教育内容が評判を呼び、いまや全国で一万人以上が学ぶ人気校となっている。

# 僕はハウステンボスをベンチャー企業の実験場にしたいのです

澤《さわ》田《だ》秀《ひで》雄《お》（エイチ・アイ・エス社長）

澤田秀雄

一九五一（昭和二六）年、大阪府に生まれる。七三（昭和四八）年からドイツに留学、世界五〇ヵ国以上を旅する。帰国後、八〇（昭和五五）年、インターナショナルツアーズを設立。九〇（平成二）年、エイチ・アイ・エスに社名変更。ホテル、航空会社、証券会社も手掛ける。

二〇代で旅行会社を立ち上げ、四〇代でホテル、航空会社、証券会社を経営……澤田秀雄は日本における代表的なベンチャーの成功者だろう。そして二〇一〇（平成二二）年、慢性的に赤字だった長崎のハウステンボスの社長に就任し、半年間で見事に黒字転換させた。

いったいなぜ、一八年間も赤字だったテーマパークの経営を引き受けたのか。一五（平成二七）年にインタビューした際、私は澤田に問うた。

「地方の観光のお手伝いをしなければならないという思いもありました。ハウステンボスが閉鎖されると、九州の観光と雇用が大打撃を被《こうむ》る。それを阻止して地方を活性化することがわれわれの役目の一つだろう、と。それに、個人的に困難なことにチャレンジしたいという気持ちもあった。昔から、高い山があれば、登ってみたくなるタイプなので」

しかし、一八年連続赤字とは、相当に高い山である。自信はあったのだろうか。

「もちろん五ヵ月間調べました。重病ですが、手術すれば何とか生き返ると判断しました」

具体的に、どこが「病気」だったのか。澤田は、立地とアクセスの悪さ、雨の多さ、過剰な設備投資……これでもかというくらい、「病状」を挙げた。よくも引き受けたものだ。

「病気の箇所が分かれば、手を打つことも可能です。経費カットなど、もろもろ計算し、何とか行けそうだと分かり、お引き受けしました」

経費はカットするにしても、マイナス要因をプラスに転じていかなければならない。「ハウステンボスにあるのは、オランダを模したきれいな景色だけ」だと澤田はいう。

「お客様に何度も来ていただくためには、景色だけでなく、常に新しいイベントをやっていく必要があります。最初に手掛けたのは一〇〇万本のバラ園。日本で一番、世界でも三本の指に入るようなバラ園にしました。さらに、『花の王国』と名付けて、四月は桜と芝桜、五月はバラ、六月はアジサイというように、四季ごとに何かが咲いているようにしました」

花が咲きにくい冬には、「光の王国」として、東洋一のイルミネーションによる演出を手掛けた。その後も澤田は、歌劇団による「音楽とショーの王国」や、VR（仮想現実）を使った「ゲームの王国」を仕掛け続けている。一四（平成二六）年九月期の経常利益は、八三億二五〇〇万円。さらに一〇〇億円以上の経常利益を目指すという。

「こんなに成長力のあるテーマパークなのに、どうして誰も手を挙げなかったのか不思議ですよね。僕も偉そうなことはいえないのですが、磨いてみたらダイヤモンドだった。引き受けて良かったです。

僕はハウステンボスをベンチャー企業の実験場にしたいのです。ハウステンボスはモナコとほぼ同じ広さです。たとえば、広大な私有地だから、自動運転の実験なども自由にできます。ベンチャーと組んで実験したなかから新しい事業が生まれ、世界に売り出していく時代が来ればいいなと思っています」

澤田の目が、これから起業する青年のように輝いた。さらに、愛知のリゾート施設再建にも乗り出したという。澤田は、これからも次々と「高い山」を見つけていくに違いない。

# 金は後でいいという商法は、僕は安易だと思う。そして、間違いなく値段が高くなってしまう

安藤百福《あんどうももふく》（日清食品社長）

安藤百福

一九一〇（明治四三）年、日本統治下の台湾に生まれる。三三（昭和八）年大阪市にメリヤス問屋設立。事業のかたわら勉学を続け、三四（昭和九）年、立命館大学専門学部経済科を修了。四八（昭和二三）年、中交総社（現日清食品）を設立。二〇〇七（平成一九）年没。

安藤百福。日清食品創業者であり、インスタントラーメンの生みの親としてあまりにも有名だ。その安藤を取材したのは一九八〇年（昭和五五）年、現役の社長だった頃である。安藤は台湾で生まれ、そこで育っている。伝記などには、「子どもの頃から商売が好きだった」と書かれているが、いったい、商売のどんなところが好きだったのだろうか。

「世の中の動き、いろんな情勢によって、どんどん変えていかなきゃならない。売るものも、扱うものも、商売の方法自体もね」

世の中の動きに付いていかないと倒産もあり得る、スリルがあるということか。

「そう、スリルがある。とにかく、私は、同じ仕事を繰り返しているのが好きじゃない。そして、人のやらないことをやりたい。人真似《まね》というのが大嫌いなのですよ」

実際、安藤は数多くの事業を手掛けている。繊維業、航空機の部品、幻灯機の製造……。その安藤が、戦後ラーメン一本に懸けた。きっかけは、アメリカが救済物資として日本にくれた小麦だ。アメリカは日本人の食生活を強引に変え、日本を小麦のマーケットにしようとしたのだ。

しかし安藤は、「パンは日本人に合わない。小麦粉を使うとしても、麺類を国民食にしたらどうか」と、一人研究を始めた。だが「インスタント」だったのはなぜか。

「僕は、食べ物に必要な条件として、四つの要素を挙げているのですよ。まず、おいしいこと、安いこと、それから便利で、保存性がなきゃいかん。この四要素を満たそうとすると、必然的にインスタントでなければならない」

三年がかりで商品化に成功。発売当初から、あくまでも現金取引で通したという。

「金は後でいいという商法は、僕は安易だと思う。その安易さは商売に対する厳しさ、そして商品に対する厳しさを失わせてしまう恐れがある。何事に対してもいい加減になる。そして、間違いなく値段が高くなってしまう」

とはいえ、問屋にとって現金取引は厳しい。売り上げが伸びず、社員たちも不安になった。

「僕はよういうのです。中途半端なことはするな、とね。自分で自信が持てないことは、いうな、やるな、と。インスタントラーメンのような、安くて、便利な、こんな素晴らしい発明を消費者が歓迎しないはずがない、とね」

その後、インスタントラーメンが大ヒットし、日本人の生活に定着したのは、周知のとおりだ。安藤は、当時七〇円前後で売られていたインスタントラーメンの破格の安さを強調した。

「即席麺の一九七九年の売上数は、四四億食。もしも他のものを食べたら、安くても四〇〇円以上かかる。だから消費者全体として約一兆五〇〇〇億円のメリットがある。つまり、われわれは日本の家庭に、一兆五〇〇〇億円のプレゼントをしているということになるわけです」

何というポジティブシンキングであろうか。私は度肝《どぎも》を抜かれた。

さらに安藤は、「一九八七（昭和六二）年までに売上高二〇〇〇億円を実現する」と胸を張った。私はその猛烈なエネルギーに、ただただ圧倒された。

## 人間は一二歳のときに食べていたものを死ぬまで食べていく。それを「おふくろの味」と称しているんです

藤《ふじ》田《た》田《でん》（日本マクドナルド社長）

藤田田

一九二六（大正一五）年、大阪府に生まれる。五〇（昭和二五）年、東京大学在学中に輸入雑貨販売店「藤田商店」を設立。七一（昭和四六）年、日本マクドナルドを設立。二〇〇二（平成一四）年、業績悪化と体調不良のため社長を辞任。〇四（平成一六）年没。

藤田田は、日本政府には何も期待できない、といってはばからない。いわく、「日本はこれから中進国程度の国になる。それを覚悟でやっていかねばならない」「イギリスやフランスとは政治家の質が違う」「大蔵省（現財務省）や日銀は大本営みたいなもので、われわれは第一線の塹壕《ざんごう》に入っているわけですから、自分で戦うよりしようがない」と。

その弁舌は鋭く、辛辣《しんらつ》である。私でさえ、少し政府をかばいたくなるほどだ。

「いまはデフレーション経済である。しかも、これは治らないという前提で仕事を進めていかないと。他の人は、これから経済は良くなるだろうと高《たか》を括《くく》って、まったく手を打っていなかったんですよ。私は悪くなると読み、いち早く、安くたくさん売るような仕組みを作った。大量生産できる体制を作り上げたんです。だからどんどんお客さんが来ます」

しかし、バブルが弾けて以来、大量生産の時代は終わった。大きく投網《とあみ》を打つような商売は流行《はや》らない。これが一般のエコノミストの意見であろう。

「いや、人間は食わなければ生きていけないので、食べ物は必ず売れる。安くすれば大量に売ることもできるんです」

そして、藤田は、ある秘訣を披露した。

「私の持論ですが、人間は一二歳のときに食べていたものを死ぬまで食べていく。それを『おふくろの味』と称しているんです。だから、私は子ども向けに力を入れて宣伝をしてきました。いま一二歳以下の人は、ハンバーガーで育っています。ハンバーガー人口はどんどん増えていく」

いわば、子どものうちに「マクドナルド」のハンバーガーの味を植え付けるのだ。強《したた》かな藤田の戦略に私は唸った。そんな藤田に、「経営者とは何をする人か」と問うた。

「私にいわせれば、日本の経営者は、マーケティングの方法を知らないですね。日本文化は耳からじゃなくて、目から入ってくる文化です。うちは安く売るときには、ポスターの半分に大きく『半額』と書くんです。『安くしました』とか、そんなことは一切いわない。『半額』で分かるんです。これをマーケティングという」

藤田にインタビューをしたのは、一九九八（平成一〇）年のことだった。私は、このときの藤田のある言葉が、いまでも記憶に残っている。

「私がハンバーガーを一〇〇億円売ったとき、『次は一〇〇〇億円売る』といったら、ハンバーガーみたいなものが売れるかと、マスコミに笑われました。一〇〇〇億円を達成し、次は『二〇〇〇億円だ』といったら、ホンマかいなと、ちょっと笑われた。でも、二〇〇〇億円になって、『今度は三〇〇〇億円売る』といったら、誰も笑わなかった。いま、二〇〇一（平成一三）年に五〇〇〇億円売るといっているんですが、こうなると『あいつなら、ひょっとしてやるんじゃないか』と思われる。それがリーダーじゃないですか」

二〇〇二（平成一四）年、皮肉なことに日本マクドナルドは初の赤字に転落した。翌年、藤田は会長を退く。しかし藤田が歴史に残る名経営者であったことは、もちろん誰も否定しない。

# 成功の秘訣は、現在やっていることを、なるべく「嫌だなあ」と思うことです

飯《いい》田《だ》亮《まこと》（セコム社長）

飯田亮

一九三三（昭和八）年、東京都に生まれる。一三〇年以上続く酒問屋の五男。神奈川県立湘南高校の同級生に、石原《いしはら》慎太郎《しんたろう》や江藤《えとう》淳《じゅん》などがおり、いわゆる「太陽族」のメンバーといわれる。六二（昭和三七）年、日本警備保障、現在のセコムを設立。

セコム。日本最大の警備保障会社だ。しかし私がインタビューした一九八〇年代後半、創業者の飯田亮は、その表現を嫌った。「安全産業」あるいは「情報産業」だと、彼は説明する。

「わが社は契約企業、個人を含め一六万五〇〇〇本のオンラインネットワークを組んでいて、異常があれば、ただちに警備員が駆け付ける体制になっています。そういう意味では、日本最大の情報ネットワーク会社です」

こうしゃべると、飯田の明るさ、ざっくばらんさが際立つ。

彼が日本初のガードマン会社「日本警備保障」を設立したのは一九六二（昭和三七）年、二九歳のときだった。日本に影も形もなかったガードマン会社を、なぜ作ろうと思ったのか。

「僕は、企業というのは、大義名分だと考えているのです。企業というものに三つの条件を設定していて、これに合致すれば必ず成功するということです。第一は、社会にとって絶対に必要であること。第二は、大企業に成長し得ること。第三は、現金または前金であること。警備会社は、この三条件に完全合致するのです」

しかし、だからといって企業が即座に成長できるわけではない。大きく伸びたきっかけは、六四（昭和三九）年の東京オリンピックだった。日本警備保障は、オリンピックの警備を担当することになったのだ。ガードマン会社というものが一挙に市民権を得るようになった。

その後、エレクトロニクスによる警備会社セコムへと転換。現在も、さらなる総合安全企業へと飛躍している。しかし飯田とセコムの軌跡は、安全とはまるで逆の「跳躍」の連続だ。

こんな跳躍を繰り返しながら、成功できた秘訣は何であろう。飯田の答えはこうだ。

「成功の秘訣は、現在やっていることを、なるべく『嫌だなあ』と思うことです。こんなくだらないことをやっていたらダメだと思うことですね。もちろん、メンテナンスや管理などはやります。ただし、心のなかでは、いまやっていることを否定し、『俺はもっと新しいことをやるんだ、いまやっていることは間違いなんだ』、そう、何としても思うことです」

しかし、現在やっていることをトップが否定したら、一生懸命やっている社員がしらけて、やる気をなくすのではないか。私はその疑問をぶつけた。

「現在やっていることを続けていたい、あまり新しいことはやりたくない、という人がけっこういます。そういう仕事は彼らに任せる。ここが経営者として難しい作業なんだけれど、『君たちがやっていることがわが社の基盤であって、なかったら崩壊してしまう』と、本気でそう思う。そういいながら、頭のなかでは全部否定している。これはどちらも真実なのです」

そうすると、優秀な経営者は二重人格ということになるのか。

「いや、二重人格ではありません。頭では新しいことを考えながら、社員たちに信用されていなくては、経営者としては失格です」

それにしても飯田亮。安全産業を標榜《ひょうぼう》しながら、常にリスクに挑み続ける「危険屋」である。その矛盾《むじゅん》こそが、彼のたくましい力を生み出しているのだ。

# 労働時間は短ければ短いほどいい、というのは、明らかに間違いです

永野《なが の》健《たけし》（三菱マテリアル会長）

永野健

一九二三（大正一二）年、広島県に生まれる。四五（昭和二〇）年、三菱鉱業（現三菱マテリアル）入社。コロンビア大学留学。八二（昭和五七）年、三菱金属社長に就任。九〇（平成二）年、新たに発足した三菱マテリアル会長に就任。二〇〇八（平成二〇）年没。

永野健。三菱マテリアル会長と同時に、一九九一（平成三）年五月から日経連（日本経営者団体連盟）会長を務めている。私は、日経連会長就任直後の永野にインタビューをした。まず、日経連という団体の存在意義を、永野の言葉で紹介しよう。

「マルクス・レーニン主義で理論武装された労働組合に対抗するために、経営者側もきちんと理論をもって対応しなきゃいかんということでできた。まさに闘う日経連だった」

永野も過去形で語っているように、当時、旧ソ連や東側諸国の弱体化とともに、日経連は「闘う相手」を失っていた。永野は「そもそも日本には階級思想が希薄だ」と語った。

「私は産業人という言葉を積極的に使っているのです。社長まで含めて、全部、雇用契約のもとに働いている産業人。社長もオーナーじゃない」

たしかに日本は階級社会ではなく、サラリーマンとして働けば、社長になれる可能性もある。永野は、それを「もちろん悪いことではないし、素晴らしいことだ」と評価した。

しかし、八九〜九〇（平成元〜二）年に行われた日米構造協議で、日本の経済や企業のあり方は、様々な点で閉鎖的であり不透明だと、アメリカ側から指摘を受けた。たとえば株の持ち合い、系列、そして労働問題もあった。

日本は、アメリカをテキストとして突っ走ってきた。しかし、それでいいのか。考え直す必要があるのではないか。この日、私はぜひ永野に聞いてみたかった。

「労働時間は短ければ短いほどいい、というのは、明らかに間違いです。西洋的な思想であり、労働というものは神の懲罰だという思想ですかね。それに対して日本は――。鳩が一生懸命小枝を集めて自分の巣を作る。それを労働と見るか、人生の営み、生きることそのものだと見るか」――永野はそう強くいって、「生涯労働時間制」という考え方を口にした。

「たとえば、六五歳になって社会保障をフルにもらえるための、一生分のミニマムの労働時間を決めるのです。仮に七万時間として、若いときにいっぱい働いて途中で休んでもいい。ゆっくり長く働くなら、それでもいい。自分で労働時間を決め、働き方を選ぶのです」

経営者としては、「毎年、個々の契約ということになる。契約のもとに働くグループを作る」と、きっぱりいった。そして突然、両足を高く上げてみせた。

「この靴、自慢しようと履いてきたのです。五五（昭和三〇）年にアメリカで、一二七ドルで買った靴です」

その靴はしっかりとした作りで、まだ新品のようであった。

「もの凄くがっちり、非常に丁寧に作っている。私はアメリカ人に会うと必ず、この靴を見せていうのです。『かつてアメリカは、こんな立派なものを作っていたのだよ』と。いいたいのは、アメリカはしようがない、けれど、日本がその後を追っちゃいけないということです」

永野は、何度も足を上げ、足踏みしてみせながら、「日本も下手をすると後を追ってしまう」と繰り返した。その後、日経連は、二〇〇二（平成一四）年、その役割を終えたとして当時の経団連と統合された。しかし永野のこのときの発言は、まったく古びていない。

# おもしろおかしく

堀《ほり》場《ば》雅《まさ》夫《お》（堀場製作所会長）

堀場雅夫

一九二四（大正一三）年、京都府に生まれる。四五（昭和二〇）年、堀場無線研究所を設立。翌年、京都帝国大学（現京都大学）を卒業。自作のコンデンサ、ｐｈメーターなどの計測器を販売。五三（昭和二八）年、堀場製作所を設立。二〇一五（平成二七）年没。

「おもしろおかしく」――堀場製作所の社長室には、こう書かれた大きな額が掲げてある。なんと、これが社是《しゃぜ》だという。

「まあ要するに、人生おもしろおかしく行こうやないか、ということですわ。人生いうのは、本質的に苦しむものやなくて、エンジョイするものや。そうと違いますか」

驚く私に、創業者である堀場雅夫会長が笑いながらいった。しかし、私が怠け者だからか、こんな社是だと、「あまり働かないで、いい加減にやろう」となりそうであるが……。

「企業で働くとすれば、一日の主な時間を仕事に使うわけです。であれば、サボって楽しむなんてケチなことは考えず、仕事自体をおもしろおかしくしようと考えたほうがいいのではないか。そりゃ、パンは大事ですよ、そのうえで、仕事自体もおもしろおかしく、みんながやりがいを感じられる、やる気を出せる、そういう企業にしようやないか、ということなのです」

こう話す堀場は柔らかい口調ではあるが、雄弁だった。

堀場は、京都帝国大学在学中の一九四五（昭和二〇）年一〇月に、堀場無線研究所を設立した。現在でいう学生ベンチャーであり、敗戦からたった二ヵ月後ということにも驚かされる。敗戦によって大学での原子核物理の研究が断絶、「いっそ独立して、自分でやってやれ」と始めたという。経費を稼ぐ必要に迫られ、自作したコンデンサを販売して成功する。

しかし、量産化をしようとした矢先に朝鮮戦争が起き、インフレが発生して断念。次に、やはり自作のｐｈ《ペーハー》メーターを販売し、評判を呼ぶ。以後、計測器メーカーとして順調に業績を伸ばし、取材した七九（昭和五四）年時点で社員が約六五〇人という企業に成長した。

「別段、苦労もせず、趣味がいつの間にか実益になってしまったわけで、私は実についていると思います。運の良い人間だと思います。運を除けば、やはり時代のニーズに合っていたということでしょうね。工業化社会になり、それまで勘《かん》や目分量、あるいは手分析でやっていたものを、すべて機械によって分析することになった。すると、精密な分析機器が必要になります」

堀場はひょうひょうと語るが、丹念に話を聞けば、やはり「成功の要因」ともいうべきポイントは、そこかしこにあった。「持ち家主義」もその一つだ。

「あくまでも自主開発で行こう、開発できんものはあきらめろ、と社員にいっているのです。買ってきた技術なんて、所詮《しょせん》、身に付かん。大きな家を借りるより、小さくても『持ち家主義』で行く。持ち家なら、少なくとも何から何まで分かっているし、徹底的に直せます」

成功の要因は、もう一点ある。「専業主義」とでも呼べば良いのだろうか。

「中小企業は、『専業』に徹するべきです。大企業が一〇〇平方センチの仕事をするなら、中小企業は一平方センチに全エネルギーを集中する。すると、単位面積あたりのプレッシャーは、大企業より強いことになる」

物理学出身の堀場らしい解説だった。

堀場製作所は、社員を「ホリバリアン」と呼ぶ。二〇一九（令和元）年現在、ホリバリアンは世界で約八〇〇〇名にものぼる。だが、社是は変わらず「おもしろおかしく」だ。

# とにかく僕の役割は、とんでもない難問、爆弾を投げ込むことなんだ

久米《くめ》是志《ただし》（本田技研工業社長）

久米是志

一九三二（昭和七）年、兵庫県に生まれる。五四（昭和二九）年、静岡大学工学部卒業、本田技研工業入社。七七（昭和五二）年、本田技術研究所社長に就任。八三（昭和五八）年、本田技研工業社長に就任。九〇（平成二）年まで務め、相談役。

本田技研工業社長の久米是志に取材するのは、二度目だった。一度目は社長就任直後の一九八三（昭和五八）年。社長になるのは「嫌だったですね」、久米はぶすっとした口調でいった。そして五年後の八八（昭和六三）年、「社長業」についての感想を問うた。「愉《たの》しい商売じゃないですね」と、相変わらずぶっきらぼうだ。しかし、以前と違って愛嬌《あいきょう》がある。「社長の顔」になっている、と私は思った。

久米に聞いてみたい素朴な疑問があった。八六〜八七（昭和六一〜六二）年の円高不況のなか、ホンダは逆に好況の波に乗った。その秘密はどこにあるのか。

「そんなことはない。大変だった。だが、まるっきりの逆風かというとそうでもなかった。逆風ですが、帆の張り方によっては前進もできたということかな」

久米はにやりと笑った。

聞きたいのはまさにそこだ。逆風を追い風にするために、どんな帆の張り方をしたのか。

「買って喜び、売って喜び、作って喜ぶ、これがホンダの理念。この理念を貫徹するには、お客さんのニーズを熟知し、かゆいところに手の届くサービスをしなければならない。となると、現地生産です。現地生産という帆を張っていたら、後から円高の風が吹いてきた」

もう一つ聞きたいことがあった。ホンダの人間たちは、いつもやる気マンマンなのである。いったいなぜか。やる気マンマンの人間だけが、ホンダに入るわけではないだろう。

「面白いからですよ。何か未知のものがあり、何とかして、それに挑戦してやろうとする」

久米は当たり前だという口調でいったが、ホンダに入ると、なぜそんな気持ちになるのか。「一つあるとすれば、失敗したときに、『お前はダメだ』と怒鳴るか、『もう一回やれ』というか。そこだと思うのです。一面、無責任だという感じもあるかもしれないけれど、『一度や二度の失敗になどへこたれるな』『何をくよくよしているんだ』と、むしろ煽《あお》ってしまう」

そして、「人間というのはシステムや理論、理屈では割り切れない部分を持っている。だから、その部分を掬《すく》い上げるというか。理屈に合わない、システム的でない、とんでもないことを要求するのです」と続けた。

たとえば久米は専務の頃、「部品供給を世界中に二四時間以内でやれ」という要求を出したという。当然、「無理だろう」と私はいった。久米は、その答えを持っていたのか。「あるわけないですよ、そんなもの」と笑った。私は、「ひどいな」と返した。

「そう、ひどい。二階へ上げてハシゴを外し、しかも後ろからライターの火を点《つ》けて追いかけまわす。しかし、すると不合理がいっぱい出てくる。その不合理をどうやって解決するかということで、システムや理論からは出てこないチャレンジ精神が生じてくる」

そして久米は、「とにかく僕の役割は、とんでもない難問、爆弾を投げ込むことなんだ」と繰り返した。「会社というのはシステムで動く。新しい難問が起きないと、ついつい現状維持、そして衰退ということになりますからね。無理にでも難問を呼び込み、またそれに挑む気概、それを面白がるエネルギーがないと……これ、一番大事じゃないのかな」と。

# 「技術」はもちろん大切だが、同じくらい大事なのが「世渡り力」だ

岡野《おかの》雅行《まさゆき》（岡野工業代表）

岡野雅行

一九三三（昭和八）年、東京都に生まれる。四五（昭和二〇）年、国民学校卒業後、父の金型工場を手伝う。七二（昭和四七）年、父の跡を継ぎ、会社を岡野工業と改め、金型生産に加え、プレス加工を手掛ける。二〇〇四（平成一六）年、旭日双光章受章。

「『岡野さんなら何とかしてくれる』と思われたら、助けないわけには行かないんだよ。失敗は、『もうできねぇ』と投げ出したとき。そんなことあり得ねえんだよ」

歯切れの良い、職人らしい江戸弁が気持ちいい。岡野雅行。職人であると同時に、岡野工業の代表を務める。従業員はたった五人だが、NASAやトヨタ自動車も頼りにする大変な技術を持つ下町の町工場だ。

父が創業した金型工場を引き継ぎ、「深絞《ふかしぼ》り」と呼ばれる金属プレス加工の仕事を新たに始めた。「深絞り」とは、金属板を加工し、アルミ缶のようなつなぎ目のない容器を作る技術。岡野は、従来の技術では不可能とされていた金属加工を次々と成功させ、NASAからの注文も受ける、世界的な職人なのだ。

岡野の技術が活かされた身近な商品としては、注射針「ナノパス33」がある。蚊の針のように細いため、刺しても痛みを感じないのだ。実は医療機器メーカー「テルモ」が企画したのだが、なかなか製品化できないでいた。技術的に難しいと一〇〇社以上に断られ、最後にたどり着いたのが岡野工業だった。そして、「痛くない注射針」が世に生み出された。

しかし、不可能とも思える依頼に応える、岡野の原動力は、いったい何なのだろうか。

「一言でいえば、必ずできるって信じることだろうな。これが一番大事なんだよ。もし、できないかもしれないなんて一遍でも思ったら、もうダメだね。できるんだって、ゆるぎない気持ちを持ち続けることが大切なんだな。どんなに大風呂敷を広げても、それを実現したら詐欺《さぎ》じゃない。そうだろ。だからあたしはあきらめないんだよ」

開発にかかりっきりになり、年収がたったの三万五〇〇〇円という年もあったという。

「失敗を重ねても最終的には完成させる——これが技術なんだよ。コスト意識が強かったり、最初からできないと思ったりする奴が多すぎる」と岡野はいう。職人魂の発露か、頑固な技術至上主義者かと、経営が心配になったのだが、岡野は意外な言葉を口にした。

「『技術』はもちろん大切だが、同じくらい大事なのが『世渡り力』だ」

ただ、相手におもねったり、自分だけが得したりするような、浅い世渡り上手ではない。

「勉強すれば頭は良くなるかもしれないが、利口にはなれない。世の中を渡っていくには利口じゃなければならない。それには人に揉《も》まれ、経験を積んでいくことが一番なんだよ。本気で人と付き合って自分を磨き、世渡り力を身に付けることだね」

岡野工業は特許十数個を有しているが、意外にも、それらは大手企業との連名で取得している。「大量生産して誰でもできるようになると値が下がってしまう。その前にソフトとノウハウと金型を大企業に売ってしまう」というのだ。そして、大企業と連名で特許を取れば、もし侵害されても法務部が守ってくれる。

自分の仕事の安売りは決してしない。しかし、自分だけがいい目を見ようと思ったら、結局は損をする。相手の企業と手を携《たずさ》え、互いに得をする。

「これが世渡り力ってぇもんだよ」——岡野は、落語の登場人物のように豪快に笑った。

# 僕の仕事は、予算の部分で「これぐらいは使ってもいい」とOKを出すだけ。あとは若い社員に、「自分たちの力でやってみろ」という

亀山敬司《かめやまけいし》（DMM.com創業者）

亀山敬司

一九六一（昭和三六）年、石川県に生まれる。七九（昭和五四）年、大聖寺高等学校卒業後、上京。露天商を経験。帰郷し、喫茶店、雀荘、旅行代理店などを経営後、レンタルビデオ店を開業。九九（平成一一）年、デジタルメディアマート（現DMM.com）を設立。

「ＤＭＭ．ｃｏｍ」……もともとは超有名なアダルトサイトである。しかし、いまや合同会社ＤＭＭ．ｃｏｍとして、オンラインゲーム、電子書籍、太陽光発電などの事業を多角的に展開、急成長する大企業だ。その創業者・亀山敬司。彼の強烈なエネルギー源はいったい何なのか。

「子どもの頃から家業の手伝いをしていて、お金儲けが好きだったんです。使いたいからお金が欲しいというわけじゃなく、お金を儲けて、また別のことをやりたいということですね」

ただ、お金が欲しいのではなく、「儲けてまた別のことをやりたい」というエネルギー。まさに現在のＤＭＭ．ｃｏｍを作った、亀山の原点だろう。

「二〇歳の頃は、六本木のあたりで露天商をやっていました。当時、路上から見た風景と、いまいる高いビルから見える風景は、ぜんぜん違う。いろんな風景が見られるっていう意味でも、お金を儲けるのは面白いですね。

そして、会社が大きくなるなかで、いろいろな人に会えるのが楽しい。僕は若い頃から人に興味があったのですが、会いたい人に会うためには、自分が力を付けないと、会えないじゃないですか」

いま運営している事業は、十数分野。ここ数年は、若い世代のアイデアをもとに新規事業を起こすことが多いという。オンライン英会話、ロボットや３Ｄプリンター事業など……。

「稼ぎがあるうちに、新しいことをやっていこうと思っているんです。いま成功しているビジネスも、いずれはダメになっていくものです。そのとき、新しい事業をやっておくと、一応、会社全体としては生き延びることができる。たとえばいま、タイとベトナムで、農薬散布にドローンを使うビジネスをやろうと考えています。

僕の仕事は、予算の部分で『これぐらいは使ってもいい』とOKを出すだけ。あとは若い社員に、『自分たちの力でやってみろ』という」

それにしても、ここまで多角的に事業をやるならば、アマゾン、グーグル、アップルのようなプラットフォーマーになろうとは思わないのだろうか。

「どちらかというと、避けて通っていますね。むしろ、アマゾンと競合しない領域で事業をやっていく。たとえばオンライン英会話では、いろいろな国で講師を雇って英会話を教えています。これはすごく手間がかかるので、アマゾンのような企業は面倒くさくてやらない。彼らがやらないようなところからビジネスを展開して体力を蓄えたいというのが、僕の考え方ですね。そういう事業は市場規模が小さくても、そこで一位になると、けっこう儲かるんですよ」

取材した二〇一六（平成二八）年当時、亀山は五五歳。お金を儲けて、また別のビジネスを展開する。このスタイルはずっと続けていくのだろうか。

「どこかのタイミングで、今度は稼いだお金を使ってしまおうかと思っています。何に使うかは、まだ決めていませんが。僕は会社が分裂しようが何だろうが、みんなが食っていければいいと思います。最後は、どこかに会社ごと買ってもらってもいい。僕が死んだあとは、僕のいったことは忘れて仕事をやってもらいたいと思います」

会社というのは、ソニーに限らず、マグロみたいなものだと思うのです。常に回遊していないと死んでしまう

辻《つじ》野《の》晃《こう》一《いち》郎《ろう》（グーグル日本法人社長）

辻野晃一郎

一九五七（昭和三二）年、福岡県に生まれる。八四（昭和五九）年、慶應義塾大学大学院工学研究科修了、ソニー入社。二〇〇六（平成一八）年、ソニー退社。翌年、グーグル入社、〇九（平成二一）年から代表取締役社長を務め、一〇（平成二二）年に退社。同年、アレックスを設立。

『グーグルで必要なことは、みんなソニーが教えてくれた』――否応《いやおう》なく目に留まる、何とも凄いタイトルの本だ。著者は辻野晃一郎。タイトルどおり、ソニーを経て、グーグル日本法人の社長を務め、現在は、自身が設立したアレックスの社長兼CEOである。

ソニーは辻野さんにとってどんなところが面白かったのだろうか。

「ソニーは、テープレコーダーを日本で初めて作ったということを含め、とにかく新しいことを誰よりも先にやるという会社でした。当時『モルモット』と揶揄《やゆ》されていましたよね」

ソニーは新しいものを作るのだが、売れるようになると東芝などが持っていく……。

「最初は井深（大、ソニー創業者の一人）さんなども『ふざけるな』という感じで憤慨したらしい。だけど、よく考えたら『これは最大の讃辞じゃないか』と思い直した。その後、モルモットのオブジェを飾るくらい、誇りに思うようになったわけです」

何でも面白がる精神。たしかに、かつてのソニーにはそれがあった。しかし辻野は、一九八八（昭和六三）年にアメリカ留学から戻った頃から、異変を感じた。辻野は、アメリカと比べて「遅れている」という点を進言した。すると上司から、「留学はもう終わったことなんだから忘れたら」といわれた。「ズッコけました」と辻野は笑う。その後、パソコンの「VAIO《バイオ》」などで成功するが、二〇〇六（平成一八）年にソニーを退社。理由を辻野は明確にしないが、こんなたとえをした。

「会社というのは、ソニーに限らず、マグロみたいなものだと思うのです。常に回遊していないと死んでしまう。どんな会社でも成長戦略が必要です。いまの価値を守るとか、目の前のキャッシュを稼ぐこともちろん大事ですが、そこだけやっていると、いずれ衰退してしまう」

翌年に入社したグーグルは、辻野にとって「スター・ウォーズの世界」だったと語る。

「スター・ウォーズの第一作だったと思いますが、どこかの星の酒場に宇宙人が集まってワイワイやっているシーンがある。そんな感じでした。世界中からいろんな人が集まってきて自由闊達《かったつ》に仕事をしている。半裸でビーチバレーをやっていたり、自転車に乗っていたり……」

辻野はその驚きを、笑いながら語った。そのグーグルやアップルのような会社が、なぜ日本から出てこないのだろうか。そのことを問うと、辻野はきっぱりとした口調でいった。

「私が強調したいのは、『でも、日本にもソニーやホンダのような会社があった』ということ。問題は、現在のネット時代に、なぜ日本発のグローバルな会社が出てこないのか。ソニーを創業した頃のクリエイティビティ、エネルギーを取り戻せば、いくらでも作れると思います」

どうやらそんな思いが、辻野にグーグルを辞めて起業する決意をさせたようだ。

「グーグルにいた三年間、黒船に乗ってネットの荒波を航海し、進んだ文明を垣間《かいま》見《み》てきた感覚でした。それで『日本はやばいぞ』と痛烈に感じました、やはり日本人なので……、何ができるか分かりませんが、論じているだけではなく、実行する側で動こうと思ったのです」

私はその言葉をとても頼もしく思い、かつて取材した盛田昭夫や井深大の横顔を、鮮明に思い出していた。

# マーケティングは一切やりません。自分たちが本当に遊びたいものを作るんです

坂口博信《さかぐちひろのぶ》（スクウェア創業メンバー）

坂口博信

一九六二（昭和三七）年、茨城県に生まれる。八三（昭和五八）年、横浜国立大学在学中にアルバイトとしてゲーム制作を始める。八六（昭和六一）年、スクウェア（現スクウェア・エニックス）に参加。九一（平成三）年、副社長に就任、九五（平成七）年、Square L.A.,Inc.（現Square Enix,Inc.）設立、社長に就任。

世界的に大ヒットしたコンピュータゲーム「ファイナルファンタジー」シリーズ。その生みの親が、坂口博信だ。インタビューした一九九四（平成六）年当時、スクウェアの副社長を務めていた。率直にヒットの要因を聞くと、坂口は「何なんでしょうね」と笑った。

「かなりの数のソフトが発売され、子どもたちは差別化し始めています。それに応えるよう、『時間をかけても質を上げよう』とやってきたのが、成功につながったと思っています」

他のメーカーは長くてもほぼ半年だが、スクウェアは一年から一年半かけてソフトを作るという。充実したスタッフと制作環境で、たっぷりと時間をかける。いわば「大作主義」の成果なのだ。

「ファイナルファンタジー」は、RPG（ロールプレイングゲーム）のさきがけである。

「コンピュータで画面上にある世界を構築し、そこを冒険するっていうRPGの発想は、僕にはぜんぜんなかった。アメリカ人は変なこと考えてるな、と思った。RPGでは、その世界のなかで話ができる。相手を殺すこともできる。もっと凄いことも、たとえば大統領になれるし、泥棒にもなれるし、そんな疑似体験ができるんじゃないかと、当時、夢を持ちましたね」

そうしたゲームソフトを作る発想のもとになるのは、何であろうか。

「友だちと話したこと、感動した映画、案外そういうものに影響されますね。だから、デスクにいるより、映画を観に行ったり、本屋をのぞいてみたりするほうが重要なんですよ」

ゲーム制作というと、家にこもって行うイメージがあった。いわゆる「オタク」ではダメなのか。

「オタクにも二種類あると思うんです。一つのことを徹底的にやり込んでしまうタイプ。これはいいと思うんですよ。ただ、『僕は知ってるんだよ』っていうことに喜びを見出《みいだ》してしまうタイプ、いわゆる情報収集型のオタク、これは作り手としてダメですね」

では、マーケティング的なことはするのか。

「マーケティングは一切やりません。子どもたちに聞くと、こういうゲームが欲しいと、たしかにアイデアが出てくる。でも、たぶん、それを作ったとしても売れない。そうではなく、単純にいってしまうと、自分たちが本当に遊びたいものを作るんです。次に出てくるものとして、こんなのがあったら面白いな、と。ユーザーの気持ちに自分自身が立ち返ってみるんです」

そして坂口は、「まだ、ぜんぜん行ける。新しいものを出していける」と自信を示していう。

「脚本家の野島伸司《のじましんじ》さんの作ったドラマ、『ひとつ屋根の下』などが好きなんですよ。ああいう、どろどろした人間関係は、デジタルな世界に入れづらい。だからこそ入れたいんです」

最後に、「いまの仕事を一生の仕事だと思うか」と聞いた。すると坂口は、「本当は引退してハワイに住むのが理想なんです。でも、あと最低一〇年はこの仕事をしなきゃ」と語った。

このインタビューから二六年。コンピュータゲームは、いまや現代の一大産業となった。

五〇代後半の坂口は、理想どおりにハワイ在住、日本とのあいだを行き来しながらゲーム制作を行っているという。私は坂口の夢と自信に充満した、あの語り口を思い出した。

# 女性のほうが男性より馬力があるし、そのパワーが、若い会社には必要なんです

寺田《てらだ》和正《かずまさ》（サマンサタバサジャパン社長）

寺田和正

一九六五（昭和四〇）年、広島県に生まれる。駒澤大学在学中にカナダに留学。卒業後、三年間商社に勤務。九一（平成三）年に退社し、海外ブランド輸入業を始める。九四（平成六）年、サマンサタバサジャパンリミテッドを設立。社長、取締役を退任し、現在は筆頭株主。

女性に大人気のバッグブランド「サマンサタバサ」。私にとっては縁遠いが、そのブランドをわずかな期間で育て上げた人物には、おおいに興味があった。

寺田和正。大学卒業後、商社勤務を経て、一九九一（平成三）年に独立。九四（平成六）年にサマンサタバサジャパンリミテッドを設立。取材した二〇〇七（平成一九）年は、四二歳という若さであった。

青山（当時）にあるサマンサタバサ本社を訪ねた。一〇〇〇名強の社員のうち九六パーセントは女性だという。女性向けのブランドという要因はあるとしても、ここまで多いのはなぜか。

「女性のほうが男性より馬力があるし、そのパワーが、若い会社には必要なんです。それに仕事に対して極めて真面目《まじめ》で真剣。そういう能力はもっと評価されてもいいと思いますね」

そこまで社員が前向きなのは、寺田がいう女性の特質もあるかもしれないが、同社が極めてフェアに努力に報いる評価をしているからだ。入社一年目は同じ給料だが、二年目からは実力主義になる。二〇代で店長になり、年収一〇〇〇万円近くになる社員も珍しくないという。

「年間販売計画を達成するために、懸命に考えて行動した結果に報いるのが、経営者の務め。逆に私自身も、自分の年間行動計画をすべての社員に伝えてある。自分で決めたことを社員が見守るなかで確実に実践していく。それが社員を裏切らないことであり、嘘をつかないことなんです」

会社の理念は、「やりがいのある仕事」「プライド」「よい報酬」「信頼」――。

「これは、私が商社時代に痛感したことなんです。同僚たちは、仕事に誇りを持てず不平不満ばかり。給料の安さを愚痴《ぐち》り、上司の悪口をいう。それではいい仕事などできるはずがないと思いました。そこで、この四つのモットーを打ち出したのです」

寺田は、彼らを反面教師としたのだ。それにしても、精神主義では商品は売れない。ましてや、ブランドの世界には厳然と舶来信仰が存在し、日本のブランドは百貨店などに容易に入り込めないという。寺田はどんな戦略を立てたのか。キーワードは「儚さ《はかな》」であった。

それまで、汚れやすい白い持ち手のバッグなどなかった。しかし寺田は発想を逆転させた。
「バッグをファッションと考えれば、汚れるという『儚さ』が魅力になる。白いシャツだって、汚れたら新しいものを買うではないですか」

もう一点、寺田の戦略があった。モデルにバッグを持たせる広告はたくさんある。しかしサマンサタバサは、人気モデルに「自分が持ちたい」バッグをデザインしてもらったのだ。
「彼女たちは単に仕事をしているわけじゃない。ブランドに魅力を感じ、『持たされる』のではなく、『持ちたい』と思って、写真に映っている。だから表情が、ぜんぜん違います。みんな、好きなバッグを持っている。そこにお客さんも共感しているのだと思います」

〇六（平成一八）年、海外初の路面店をニューヨーク・マディソン街にオープン。寺田は、海外一店目は「ニューヨーク、しかも五番街かマディソン街」と決め、社名にも当初から「ジャパンリミテッド」と付けていた。いつかは必ず世界ブランドへ――その第一歩であった。

# 「ものが」ではなく「人生が」というところで、いつもアプローチしようとしています

**寺《てら》尾《お》玄《げん》**（バルミューダ創業者）

寺尾玄

一九七三（昭和四八）年、千葉県に生まれる。一七歳のときに高校を中退し、スペイン、イタリア、モロッコなどを放浪。二〇〇三（平成一五）年、バルミューダデザイン（現バルミューダ）設立。一〇（平成二二）年、革新的な扇風機「Ｇｒｅｅｎ Ｆａｎ」が人気商品となる。

寺尾玄、バルミューダ社長。一七歳で高校を中退した経歴を持つ。進路を決める時期になり、「将来何になりたいと仮にも書いてしまうのは、自分の可能性に対する侮辱なんじゃないか」と考えたからだという。

そしてスペインなどを放浪後、音楽活動を始め、大手レーベルと契約までしたが、バンドは解散。その後、一転「ものづくりの道」に入る。破天荒《はてんこう》とは、こういう人生をいうのだろう。しかし、寺尾は真摯《しんし》な表情でこういった。

「傍《はた》から見れば、ふらふらしているように見えるかもしれませんね。でも、自分としてはただの真っすぐな一本道を歩いているだけなので、非常にシンプルな人生でもあるんです」

寺尾は、そして「ものづくり」に進んだきっかけを話し出した。

「音楽活動でＭａｃを使い、日々その素晴らしさに感銘を受けていたんです。ものを通じて自分のメッセージを表現し、人々に伝えていく方法もあるのではないか、と思いました」

自分のメッセージを表現……一方で寺尾は自著で「自己愛を捨てる」と宣言している。

「『自己愛』を捨てるというのは、自分の力で何でもかんでもするのはやめよう、ということです。何のために仲間がいるかというと、作業を分担したり、自分のセンスだけではこの先に行けないという局面で助けてもらったりするからです。

デザインについても、どうしても、もうちょっと恰好良くしたくなっちゃう、速そうにしたくなっちゃう、というような癖が自分にはあるんです。そうすると、お客様に受け入れられにくくなる。そこで、デザイナーとしての自分はクビにしたんです」

しかし寺尾は、デザイナーとしての自分には自信があったという。であれば、それを突き詰めようとは思わなかったのか。

「一人でも多くの人に、自分たちが作ったものを届けるほうが大事だと思ったのです。たとえば、多くの人が旨いと感じるものを食べたとき、だいたいの人が『おいしいね』といいますよね。数字で表現すると、七割の人が『おいしい』と思うこの感覚が、まさに『ポップ』ではないか、と。いかに自分をそこに近づけられるのかが、とても大事だと思っています」

デザイナーである寺尾は、残り三割を突き詰めようとしてしまう。七割に身を置くために、デザイナーとしての自分をクビにした。寺尾は、まぎれもなく、「経営者」なのである。

バルミューダは、今後、家電以外の分野への進出も多いにあり得ると、寺尾は語る。

「家電ベンチャーといわれますが、家電という枠自体に入れてしまうと、それこそが可能性の拒否になってしまう。『現代的ですぐれた道具を作る会社』と、自分たちでは位置付けています。次はコップを作るかもしれない。ものじゃなくて、人生に興味があるんです。どんなものも、最終的には、それを使う人の人生をより良くするためのものだと思っていますので。『ものが』ではなく『人生が』というところで、いつもアプローチしようとしています」

「可能性の拒否」――それこそが、高校時代から寺尾が嫌ってきたことである。なるほど、寺尾の、一見、破天荒だが、実は「真っすぐな一本道」の道しるべが、そこにあったのだ。

# 最後は人に懸ける。あの人がこれだけ時間をかけて、執念を持って、そして自信を持っている、だから懸けてみよう、と

青《あお》井《い》舒《じょ》一《いち》（東芝社長）

青井舒一

一九二六（大正一五）年、東京都に生まれる。四八（昭和二三）年、東京大学工学部卒業。東京芝浦電気（現東芝）入社。八七（昭和六二）年、東芝機械のココム違反事件の責任を取って退陣した渡《わた》里《り》杉《すぎ》一郎《いちろう》社長の後を受けて、社長に就任。九六（平成八）年没。

一九九一（平成三）年。一時期、業績不振にあえいでいた東芝は、半導体部門の好調、ノートパソコン「DynaBook《ダイナブック》」のヒットで復活、快進撃を続けていた。その年、私は青井舒一社長を直撃した。

まずは、七八（昭和五三）年にコンピュータのメインフレーム部門から撤退し、半導体部門も遅れを取っていた低迷期を振り返ってもらった。当時、青井は取締役だった。

「私は悲観的な感じではなかったですね。東芝は優秀な人材をたくさん採っていました。その力を発揮させるメカニズムと、その方向付けにハッパがかかりさえすれば、相当のことをやれる。その自信は持っていました」

ということは、力を発揮させるメカニズムがあまり機能していなかったということか。

「うーん、目標を定めることができなかったということじゃないですか」

青井は、当時の経営批判につながるような、ドキッとすることをさらりという。

快進撃のきっかけを聞くと、「非常に運のいいとき、運のいいマネージャーが出てきたことだ」と答えた。半導体に二〇〇億円投資した、前々社長・佐波《さば》正一《しょういち》のことだ。

「続けるかどうか迷っていたときに、断固やるべしと決断し、ポテンシャルが上がったところへ巨大投資の指示が出た。だから持てる力を集中発揮できたのです」

青井は佐波を、「名監督」と評した。そして、「東芝には豊かな人材がいる」と何度も繰り返したのだった。では、人材が育つ会社というのは、どんな会社なのだろうか。

「能力を持っている人に対し、敬意が払われる会社かどうか、鍵はここだと思います。ポストではなく、能力に対して尊敬する気持ち、空気です」

その話を聞きながら、私は以前取材した「DynaBook」開発者・溝口哲也《みぞぐちてつや》のことを思い浮かべていた。溝口は非常に迫力があって、個性的な人物だ。溝口の話によると、当時の上層部が「DynaBook」の商品内容について詳しく理解していたとは思えない。

しかし、東芝の幹部は溝口に開発を任せた。なぜ踏み切れたのか。東芝は長い歴史のある会社だ。フレキシビリティはどんどんなくなりそうなものだが……。

「そうですね、だけど、そうはならなかったようですな」

そう青井は、屈託なく笑った。

「東芝には、『この男がそこまでいうのなら、やらせようじゃないか』というところがあるのです。最後は人に懸ける。あの人がこれだけ時間をかけて、執念を持って、そして自信を持っている、だから懸けてみよう、と」

そこに、「能力に対しての敬意」があったということだろう。青井はこう付け加えた。

「力のある人間というのは、力のある人間を認めやすいのです。自分自身にもちゃんとレゾンデートルがありますからね。だから他人の力をちゃんと評価できる」

つまり力のあるリーダーは、力のある人間をきちんと認めて活かせる、ということである。

この言葉に、社長としての青井の強い自負と自信が表れていた。

# 素人の強みは、素直に、これはと思った相手を信じて、トコトン打ち込むこと

石本《いしもと》他家男《たけお》（デサント社長）

石本他家男

一九〇九（明治四二）年、石川県に生まれる。二四（大正一三）年、大阪の呉服問屋に丁稚《でっち》奉公《ぼうこう》に出る。三五（昭和一〇）年に独立。戦後、洋傘、既製服、スポーツ用品などを手掛け、五八（昭和三三）年、石本商店設立（六一年にデサントと社名変更）。八八（昭和六三）年没。

「デサント」。いまや誰もが知るスポーツ用品メーカーだ。一九七九（昭和五四）年、そのデサントが急成長した頃、私は創業者の石本他家男を取材することになった。石本の情報を集めると、どうも取材者泣かせの「難物《なんぶつ》」とのことだった。しかし社長室で会った石本は、たいへん気さくそうな人物である。

私は、一代でデサントを築いた、石本のサクセスストーリーを聞き始めた。まず、呉服問屋に奉公していたのに、洋品やカバンの店を始めたきっかけは何だったのか。

「近所に親切な人がいて、カバンや袋物など、いろいろ商売したほうがええと忠告してくれて、資金まで出してくれたのですわ」

進駐軍の放出したテントを材料にスポーツ用品を作ったそうだが、どう手に入れたのか。

「親切に教えてくれたり、世話をしてくれる人がいて、案ずるより産むがやすしというか」

石本の答えは、どうにもつかみどころがない。私は、ある疑問をぶつけてみた。石本は、洋傘、スポーツ用品やウェアなどを次々と手掛けたが、すぐにきちんとした製品を作れたのか。

「もちろん苦労しました。素人ばかりなのですから……。しかし、同業者でとても親切な人がいて、裁断、縫製、何から何まで教えてくれたのです」

またも「親切な人」の出現である。私は皮肉を込め、「石本さんの周りには、いつも親切な人が現れるのですね」といった。すると石本は、まったく皮肉と感じていない様子で、こう答えた。

「わしは、ほんまに恵まれているのですわ。商売敵《しょうばいがたき》が懇切丁寧に教えてくれたんやからね」

石本は決して意地悪ではなく、一生懸命答えている。私は、石本が「難物」だという情報を思い出した。なるほど、すべて「親切な人のおかげ」「ほんまに恵まれている」では、記事にならない。気を取り直し、もう一点聞いてみた。デサントが急成長できた要因は何だろう。

「運ですね、運が強かった。それと、エエ社員に恵まれていた、ということやろね」

もちろん、石本が苦労しなかったわけはない。社員をはじめ周辺に取材をすると、数多くの逸話と称賛が出てきた。「社長ほど多くの得意先を回っている人はいない」「販売先だけでなく、仕入先も大事にする」「社員に任せてくれる」「決断が早い」。そして極め付きの一言が、

「とにかく、社員をやる気にさせるのが、もの凄く上手な人物ですわ」である。

デサントにはアドバイザー的な人物がいた。日本人初のプロスキーヤー西村一良《にしむらかずよし》だ。西村の助言のもと、商品開発を「アホみたいに素直にやった」と担当社員はいう。石本のモットーは「素人《しろうと》の強みは、素直に、これはと思った相手を信じて、トコトン打ち込むこと」だった。

しかし、石本は、苦労も努力も一切語らない。彼にとってごく当然だからであろう。

「玄人《くろうと》というのは、無理と分かっていることはしない。ところが素人は、無理を無理と分からないものだから、ムチャクチャにやってしまう。そやから失敗もするけれど、時として、玄人にはとてもできない、どえらいことをやってのけてしまうことがある」

取材が終わる頃、独り言のように発した言葉は、石本の精一杯の表現だったかもしれない。

# 人間、ニヤニヤしてリラックスしているとき、とてつもないアイデアが出てくるものなのです

能村《のうむら》龍《りょう》太郎《たろう》（太陽工業会長）

能村龍太郎

一九二二（大正一一）年、大阪府に生まれる。府立市岡中学（現市岡高校）卒業後、美大を目指すが断念し、発動機製造（現ダイハツ工業）に勤務。四七（昭和二二）年、太陽工業社長となる。七七（昭和五二）年、会長に就任。九五（平成七）年、大阪文化賞受賞。二〇〇六（平成一八）年没。

表紙をめくると、美女のヌード写真。さらには、艶《つや》っぽい浮世絵……。しかし、これはポルノ雑誌ではない。太陽工業というれっきとした企業のパンフレットなのである。聞けば、二ヵ月に一回、すでに一〇〇号以上も発行しているという。おかしな会社だな、と思った。

「当たり前のパンフレットを作ってもゴミ箱に直行ですからね。何かエエ方法はないかと一生懸命考えて、『エロ雑誌』を作ったのですわ」

太陽工業会長の能村龍太郎は、大阪人らしく、ざっくばらんに笑いながらいった。しかし、このパンフレットには「肝心《かんじん》なもの」が別にあるのだという。

能村が取り出したのは、アンケート葉書《はがき》だった。感想や意見に続く三つ目の項目に、「こんなものはできないだろうか」とある。つまり、商品開発のため、読者のアイデアを送ってもらうわけだ。

「これが、実はわが社の活力源となっている、ともいえるのです」と能村が説明した。太陽工業は、能村テント商会として能村の父が創業した。その業界は、次第に「テント」という一言では表せないくらい応用範囲が広がり、いまでは「膜面構造物」というのだそうだ。

「われわれの会社が飛躍するための発想の喚起を、この葉書に期待しているのです。人間、ニヤニヤしてリラックスしているとき、とてつもないアイデアが出てくるものなのです。リラックスしながら、とてつもないアイデアをひねり出してはもらえないか、と。実は既に、葉書のアイデアからいくつも開発し、実用化させていただいているものがあります、はい」

能村はそういって、ひょうきんに頭を下げた。太陽工業は、膜面構造物業界最大手である。最大手というだけではなく、一九七〇（昭和四五）年の日本万国博覧会（大阪万博）における、アメリカ館の長径一四二メートルにもなる世界最大の空気膜構造物や、遊園地に巨大な人工湾を造るなど、新分野を切り開いている。まさにリーディングカンパニーだ。

能村の脳内は、いつも多くのアイデアであふれている。石油や食料を備蓄する海中貯蔵タンク、砂漠にテントで山を造り雨を降らせる……。破天荒な印象だが、技術の裏付けがある。

そして能村は、実は、かなり慎重な経営者でもある。朝鮮戦争の際、ジープのホロやテントの修理などで業界は特需に沸いていた。しかし戦争が終わり、多くの企業が経営危機に陥るなか、太陽工業は生き残る。民間需要を、ある程度、維持していたからである。能村はいう。

「二つのことを経営の羅針盤にしていましてね。一つの仕事の占める割合が大きくなりすぎるのは危険信号だということ。同じく、一つの仕事が安定すると危ない。つまり、安定とは終わりが近いということなのです」

この取材から約五年後、太陽工業は、八五（昭和六〇）年のつくば科学万博でテント製パビリオンの九割を受注。他にも東京ドームや埼玉スタジアム２００２など、その建造物は枚挙《まいきょ》にいとまがない。

「われわれの会社、業界は常に需要を創出し、その課題に挑戦する形でマーケットを広げてきました」――そう軽やかに語りながらも、自信に満ちていた、能村の言葉を思い出す。

# 金は稼ごうと思うと稼げないもの。金なんていうのは、研究の後から付いてくるものです

晝《ひる》馬《ま》輝《てる》夫《お》（浜松ホトニクス社長）

**晝馬輝夫**

一九二六（大正一五）年、静岡県に生まれる。五三（昭和二八）年、浜松工専（現静岡大学工学部）の先輩である堀内《ほりうち》平八郎《へいはちろう》が設立した浜松テレビに参加。七八（昭和五三）年、社長に就任。八三（昭和五八）年、浜松ホトニクスに社名変更。二〇一八（平成三〇）年没。

静岡の浜松ホトニクスを訪れ、社長の晝馬輝夫を取材したのは一九八二（昭和五七）年のことである。二〇年後、その晝馬と浜松ホトニクスは大きな脚光を浴びた。

二〇〇二（平成一四）年、小柴昌俊《こしばまさとし》・東京大学名誉教授が、ニュートリノの研究によりノーベル物理学賞を受賞。岐阜県にあるカミオカンデ、スーパーカミオカンデという巨大な実験装置で、ニュートリノの観測を成功させた大口径光電子増倍管を作り出したのが、浜松ホトニクスであった。

八二年の取材当時、晝馬はこう語っていた。

「金なんていらない。金は稼ごうと思うと稼げないもの。金なんていうのは、研究の後から付いてくるものです」

私には初め、綺麗事に聞こえた。しかし、八二年度の浜松ホトニクスの売上高は約一〇二億円。その一六パーセントに当たる一六億三〇〇〇万円を研究開発費に充てていた。研究第一、儲けは二の次という晝馬の言葉に偽りはなかった。

私は晝馬にあらためて話を聞きたくなり、二〇〇二年、浜松を訪れた。確認すると、いまでも研究費は売り上げの約一五パーセントだという。私は晝馬に「そんなに研究費に金を使って経営は成り立つのですか」と問うた。

「大丈夫です、研究費の分は、製品の製造原価に入れてありますから」

しかし、それでは製品が高価になるということだろう。客はそれでも買ってくれるのか。

「お客さんにはいうのです。うちの製品は洋服でいえば、テーラーメイドのフォーマルウェアです。レディメイドが欲しければ、他に安いものがあるから、そっちを使ってください、と」

浜松ホトニクスは、光電管や光電子増倍管などの分野で、国内市場のシェアが九〇パーセント以上。光をとらえる技術、光を作る技術から、高性能のセンサや光源などを次々と生み出す。その秘訣とは何か、と晝馬に問うた。

「社員たちに新しいものを作らせることです。私は社員たちに、ずっとこういってきました。世の中、人間が知らないことだらけだ。それを見つけるのがお前さんたちの仕事。素朴に考えてみれば、分からないことだらけ、おかしなことだらけじゃないか、と」

しかし、社員二〇〇〇人もの企業で、この教えはすべての社員に伝わるのか。

「この話を、昔の部下が若い社員に話していたのです。たまたま聞こえてきたので、『うちの社長がいうには』くらいいうだろうと思ったら、その部下は『俺が思うにはだな』とやってる。最初はそれが癪《しゃく》に障《さわ》ったのですよ。しかしよく考えてみると、彼はその気になり切っているんです。『新しいものを作れ』――それが自分が初めから考えてきたことになっている」

晝馬はわざと悪態をつくが、自分の考えが社員たちに浸透していることが嬉しいのだ。

再びの取材から、さらに一六年。晝馬は亡くなったが、浜松ホトニクスは、社員約三五〇〇人、売上高約一四六〇億円（二〇一九年）と、さらに成長を遂げている。いまも社内のあちこちでは、「新しいものを作れ」という晝馬の教えが語り継がれているに違いない。

# 歯車は、歯と歯のあいだに隙間を作らないと、高速で回れないんです。それじゃないかな、僕は

川本信彦《かわもとのぶひこ》（本田技研工業社長）

川本信彦
一九三六（昭和一一）年、東京都に生まれる。六三（昭和三八）年、東北大学大学院工学研究科修了、本田技術研究所入社。八六（昭和六一）年、同社社長に就任。九〇（平成二）年、本田技研工業社長。九八（平成一〇）年に退任し、取締役相談役に就任。

川本信彦を取材したのは、本田技研工業の社長に就任した直後であった。久米是志《くめただし》前社長が任期半ばにして退任、下馬評《げばひょう》では川本の同期の入交昭一郎《いりまじりしょういちろう》が次期社長として本命視されていた。インタビューは、川本の、何とも後ろ向きな発言から始まった。

「久米さんに『決めたから』といわれたときは、何とか逃げる方法はないかって、三〇分くらい黙っていました。青天《せいてん》の霹靂《へきれき》、『ああ、人生、狂っちゃったな』と思いました」

ここまで社長就任を嫌がる人も珍しい。それまで務めていた専務と社長では、そんなに違うのか。

「結局、社長というのは、みんなのことを思わにゃいかんでしょう。それだけだと思いますね。その会社を取り巻く、あらゆる人のことを考える……」

「自分をゼロにすることとか」と私が聞くと、川本はうなずいた。

学生時代、バイクも自動車も大好きだった川本は、ホンダが参戦したマン島TTレースの映像を観て、将来を決めたという。

「こういうものを作っている会社は面白いぞ」――以来、技術畑一筋の人物である。

しかし、川本青年が「面白い」と思ったホンダは、この当時、「ホンダがホンダらしくない」「地味な『おじん』ホンダ」などとささやかれていた。この評判を川本にぶつけてみた。

川本は、国際化の対応などいくつかの要因を説明したあと、「それは個人的には面白くないですよ。そろそろ次のことを考えていいのかな」と吐き出した。

「ファッショナブルな商品が必要だというなら、これはわりと簡単にできると思うんですね。ただ、切り花を切って飾るような商品は作りたくない。根のある木……ホンダが根ざすところは、中身がある程度あって、それが技術やコンセプトで裏付けられているものです」

「ホンダ車の将来」がテーマになると、技術屋らしく、川本の話は熱を帯びてきた。続いて私は人事の話を聞いた。なぜ、自分が前社長の久米に選ばれたと思うか……。

「久米さんは、僕が一番座りがいいからといいましたね。僕はご覧のとおり、いいかげんなんですよ。技術用語で『バックラッシ』というのですが、歯車は、歯と歯のあいだに隙間を作らないと、高速で回れないんです。それじゃないかな、僕は」

私は、その久米を取材した際の逸話を思い出した。久米には、一年に一度くらい一人になりたい時期があり、あるとき石垣島に飛んだ。すると、向こうからやってきた男に「社長!」とあいさつされてしまった。どこにでも社員がいて、孤独にもなれない、という話であった。この話をすると、川本は笑った。

「それは久米さんが、普段から、遊び心を心がけていないからダメなんです。僕なんか、年中どうやったら逃げられるかと考えてます。つまらない会議だったら、頭を切り替えて楽しいことを考えます。週末あそこに行こう、とか。そうすればニコニコしていられるでしょう?」

何というマイペース。私は思わず笑ってしまった。技術への熱さと、この「ゆるさ」が共存する。これこそがホンダのトップに選ばれた最大の要因かもしれない。

# 第二章

# ITフル活用型

# 仕事に何でオリジナリティが必要なんですか。オリジナリティ以外に差別化する手段なんていっぱいある

堀《ほり》江《え》貴文《たかふみ》（ライブドア創業者）

堀江貴文

一九七二（昭和四七）年、福岡県に生まれる。東京大学在学中に、オン・ザ・エッヂを設立。二〇〇二（平成一四）年、ライブドアの社長に就任。〇六（平成一八）年、証券取引法違反容疑で逮捕。一一（平成二三）年、一二年六月の有罪判決が確定し収監。一三（平成二五）年三月仮釈放。

私は「堀江貴文ファン」を自認している。堀江が収監中は刑務所にも会いに行った。堀江との対話は哲学者と話しているようで、いつも刺激的である。なかでも、二〇〇四（平成一六）年、ライブドアが球団買収に失敗した直後のインタビューは、特に記憶に残る。買収を阻まれたとはいえ、いや、阻まれたからこそ、堀江は次へのエネルギーに満ちあふれていた。

私は、「堀江さんはなぜ、そんなにやる気があるのか？」と聞いた。

「やっぱり飽きるからじゃないですか。新しいことをやっていないと、日々の生活に飽きる」

しかし、新しいことにはリスクがあり、多くの人間はリスクを恐れる。

「もちろんリスクはあるんですけど、つまんないよりマシじゃないですか」

まさにリスクを伴う球団買収に際して、堀江はいわゆる「旧体制の経営者たち」に受け入れられず、失敗した。やはり、取り入るようなことは嫌いなのか。

「嫌いでもないし、別に意識もしてないですけどね。簡単にいうと、僕は会って面白い人や商売して面白い人と付き合いたいだけなんですよ。古い経営者とかには、ぜんぜん興味もないし、会ったこともないし、何をやっているかも分からないし、という感じです」

会社を大きくして、より多くの人に会えば、面白い人に出会えるのではないか。

「面白い人の出現確率というのは、だいたい同じで、一パーセント未満です。面白い人と会えるチャンスはたしかに広がっているんですけど、かなり選別をしないと難しいですよね」

こんな具合に、堀江の答えは、いつも意表を突いてくるのだ。

「チャレンジすることに意味はないでしょう。だって、自分がやりたいことをやるために、たまたまチャレンジしているように見えているけど、それ自身は目的ではないでしょう。壁だって、別にぶち壊さなくていい」

次にチャレンジしたいことを聞いた答えがこれである。

私が、「堀江さんには誰の真似もしてほしくない。堀江オリジナルが見たい」というと、今度は強烈なスマッシュが打ち込まれた。

「仕事に何でオリジナリティが必要なんですか。オリジナリティ以外に差別化する手段なんていっぱいある。みんな、何でそんなにオリジナリティが好きなんですか？　他人より一〇秒早く思いついたら、それがオリジナリティなわけです。そんなものに何の価値があるんですか？」

どの質問にも、予測不能の答えが返ってくる。しかし、その言葉をよく嚙みしめてみれば、なるほどそのとおりだと実感するのだ。私たちが「こういうものだ」と決めてしまったり、思い込んでいたりすることを、堀江は容赦なくひっくり返す。なぜ私が、そんな彼のファンであるのか。彼は極めて純粋に、そして自由に、自分のやりたいことを追求しているからなのだ。

発言も周囲の反応を慮《おもんばか》らない。あえて「空気を読まない」のだ。私にはそこが、彼のたまらない魅力だと思う。しかし、その魅力を脅威だとも感じる、メディアから、経済界から、そして検察から、にらまれてしまった。私はいまも、堀江貴文は無罪だと思っている。

# いままでの国の競争力の源泉は知的な財産の集合体だった。けれども現代では、スピードこそ競争力なんです

三木《み》谷《き》浩《たにひろ》史《し》（楽天創業者）

三木谷浩史

一九六五（昭和四〇）年、兵庫県に生まれる。八八（昭和六三）年、一橋大学商学部卒業、日本興業銀行（現みずほ銀行）入行。九一（平成三）年、ハーバード・ビジネス・スクール留学、ＭＢＡ取得。九七（平成九）年、エム・ディー・エム（現楽天）を設立。

楽天会長、三木谷浩史を取材したのは、二〇一〇（平成二二）年。日本経済は不景気にあえいでいたが、楽天の業績は絶好調。利益は前年比約二割増とのことだった。ネットビジネスと普通のビジネスはどう違うのか――私は楽天の増益を踏まえて、三木谷にそう尋ねた。

「一つは、お客様に対して天動説か地動説か、という話ではないかと思います。いままでのビジネスは天動説です。自分の施設がある、持っているものをどうするかということだと思うんです。しかし、ネットビジネスは施設不要。その代わり、技術、世の中や消費の流れを見ながら、もの凄く細かくアジャストするわけです。

『楽天市場』では、新しい機能を毎日のようにリリースします。リアルビジネスとネットビジネスでは、そのスピード感と顧客のニーズに対する適応力が、そもそも構造的に違うんです」

自分たちが消費者を見て細やかに動ける「地動説」。だから不景気にも強いというわけだ。

「新しいジェネレーション、つまりインターネットの前と後では、違う世界なんですよ。いままでの国の競争力の源泉は知的な財産の集合体だったわけですよね？　あるいは工場などの生産設備もそうです。けれども現代では、スピードこそ競争力なんです。いわゆる情報の流れというもののスピードが、ぜんぜん変わってしまった。

たとえば、最新商品のプロダクトデザインが全世界に行きわたり、発売したその日にコピーできる。ＭＩＴ（マサチューセッツ工科大学）の最先端の研究資料に、インドに住む子どもがアクセスできる。そういうことです。これの意味することはどういうことなのか、よく考えるべきです」

　三木谷が厳しい声音でいった最後のフレーズに、私は反応した。具体的にどういうことか。

「つまり、情報が世界に氾濫《はんらん》しているなかで、将来この国はどうやって生きていくのか、どういう人材を輩出していかなければならないのか、ということを考えなくちゃいけない。いかに多くの技術者を世の中に送り出すのか、また、最先端の情報産業を作るのか。基本的には、国力＝ＩＴ力なわけですよ。そういうことを、トップにいる政治家たちは理解しているのか」

　国の未来を考えたら、どういう人材を育てるべきか分かるはずだと、三木谷は、じれているのだ。たしかに、国の競争力の差は、教育の差だともいわれる。

「文部科学省は、ネット上のｅラーニングを全面的には認めていないんです。いまや、インドはほとんどがｅラーニングなんですよ」

　三木谷は、さらに日本の現状を「ガラパゴス」「第二の鎖国」などと刺激的な言葉を並べ、批判した。いや、心から憂《うれ》えていた。

　あれから一〇年。新型コロナウイルス感染症によって全国で休校が続き、オンライン授業の必要性が叫ばれた。しかし、公立校の多くは適応できないうえに、三木谷が指摘したとおり、文科省はオンライン授業を単位として認めていない。この期《ご》に及んで「検討する」としている。

　やっと、である。外圧で開国した幕末しかり……日本は切羽詰《せっぱつ》まらなければ動かない国なのだろうか。三木谷の憂い顔を思い出した。

# 自分の金だから好きにやっていいだろうとなってしまうと、不快に思う人もいる。社会に生きている以上、そういうところも考えないと

藤《ふじ》田《た》晋《すすむ》（サイバーエージェント創業者）

藤田晋

一九七三（昭和四八）年、福井県に生まれる。九七（平成九）年、青山学院大学経営学部卒業。人材派遣会社勤務後、九八（平成一〇）年、サイバーエージェントを起業。二〇〇〇（平成一二）年、当時史上最年少の二六歳で東証マザーズ上場。ブログやネット広告事業を展開。

藤田晋。ライブドア元社長の堀江貴文と同時期にインターネットビジネスの世界に躍り出た。「堀江世代」であり、盟友であったという。その堀江はマスコミに叩かれた挙《あ》げ句《く》、逮捕、有罪になった。しかし藤田は、危なげなく、着実に成功を積み重ねている。いったい、二人は、どこが違ったのか。私は、率直に聞いてみた。

「藤田さんのところと、ライブドアはどこが違ったんだろう？」

「ブログは、うちも含めて、ニフティ、ヤフー、ライブドア、楽天と、一斉にスタートしました。横一線でしたが、ライブドアが頭一つ抜けかけた状態でした。彼らは技術力が高かった」

ネットの世界に疎《うと》い私にはよく分からない。「ブログの技術力」とは何なのか。

「簡単にいうと、技術力がないとサーバーが重くなって、アクセスして読み込むのに時間がかかるんです。ライブドアは、それが速かった。いつも、われわれの一歩先を行っていました」

そのライブドアを作り上げた堀江は、藤田にとって、どういう存在だったのか。

「堀江さんはライバルであり、仲間でもありという感じでした。僕たち、もともと一緒にやっていたんです。うちは、営業力はあるけど、技術力がない。堀江さんのところは、技術力はあるけど、営業力は弱い。そこで、組んで事業をやっていたのです」

その後、それぞれに独立。藤田のサイバーエージェントが、技術力など弱点を克服し、順調に利益を上げている秘訣を聞いた。

「いいときに傲慢《ごうまん》にならないことが大事ですよね。いいときって、プライドが高くなったり、けっこういろんな人を怒らせたりしてしまう。短期的な評価に満足して、長期的に手を打っておかなければいけないことをやらなかったりもする」

答えづらいだろうが、私はあえて質問してみた。堀江は絶頂期に傲慢だったと思うか。

「うーん……」と藤田は黙ってしまった。真面目《まじめ》なのだ、と思った。質問をやや変えた。

「なぜ堀江は叩かれて、あなたは叩かれなかったの？」

「田原さんは、堀江さんについて、よくネクタイの話をされるじゃないですか。だから今日はネクタイをしてきました」

藤田は、少しはぐらかすようにいって、笑った。

私は、ネクタイを締めないことが悪いこととは思わない。ただ、彼が球団を買えなかったのはネクタイを締めなかったからだということは、真実だと思っている。

「堀江さんは、人がどう思うかということをあまり考えないですからね」

そう藤田はいった。私は、それが堀江のいいところだと思う。そう伝えると、藤田はこう返した。

「いいところであり、考えなくちゃいけないところでもあると思います。自分の金だから好きにやっていいだろうとなってしまうと、不快に思う人もいる。社会に生きている以上、そういうところも考えないと」

「愚直」。ＩＴ企業の社長とは一見似つかわしくないが、藤田には、この言葉がよく似合う。

# 大手の証券会社がインターネット取引の手数料を下げられない一番大きな理由は、たぶん営業マンを抱えているからでしょう

松本《まつもと》大《おおき》（マネックス証券創業者）

松本大

一九六三（昭和三八）年、埼玉県に生まれる。八七（昭和六二）年、東京大学法学部卒業、ソロモン・ブラザーズ・アジア証券入社。九〇（平成二）年、ゴールドマン・サックス証券に移籍。九九（平成一一）年、ソニーと共同出資でマネックス証券を設立。

三六歳の松本大が、ソニーとの共同出資でマネックス証券を設立したのは、一九九九（平成一一）年のことだった。翌二〇〇〇（平成一二）年、雑誌の対談で会った松本は、理知的、かつ非常に爽《さわ》やかな好青年。こういう若者が、大手証券会社に立ち向かっていくことを、私は非常に面白く思った。

証券という仕事の、どの部分が面白いのかと問うたところ、松本はただ「仕事が好きですね」と答えた。

「もう毎日、朝から晩まで、会社が次にどういう手を打つかとか、あるいはいろんな人的ネットワークを広め、それをメンテナンスするとか。それはもうすべて。すべてといったらいいすぎですけれども、ほぼすべて関わってやっています」

一日何時間くらい寝ているのかと聞けば、「四時間半くらいでしょうか」という。それは短すぎる、そうとう危ないと思ったが、何といっても松本はまだ若い。

「楽しいというか、私は貧乏性なんです。とにかく、働いていないと落ち着かないというか」

私も仕事が一番楽しいと思う人間なので、その気持ちはよく分かった。しかも、金融という厳しい業界では、いくら仕事をしても、やることは、あとからあとから出てくるだろう。マネックス証券は、ネット証券としては先んじたが、あとから伝統も歴史もある会社が追いかけてくる。

「そういう大企業に勝てますか」――私は率直に聞いた。

「インターネットがなければ、より多くの潜在顧客層に訴求するためには、広告を出す、支店の数を増やすなど、資本力がないと何もできません。ところが、インターネットというサイバースペースのなかでは、たとえば野村證券のサイトもマネックス証券のサイトも、一つのサイトには変わりない。そこだけが勝負の場なのです。すごくフラットであって、既存の営業網や、立派な店舗があるという要素が、あまり関係なくなってきているのだと思います。

しかも、インターネットの世界というのは、ＵＲＬを書き換えるだけで、ポンと行けるわけです。距離感がまったくない」

では、そのフラットな世界において、マネックス証券の強みとは何だろう。

「いくつかあると思います。弱みもあるのですが、まず強みをいいますと、コスト構造が低いことです。マーケットには当然、悪いときもありますが、そのときにコスト構造がどれだけ低いかというのは大切なポイントです。そして、いまインターネットも金融も、流れが変わるのが速いですよね。そういうなかで、柔軟かつ迅速《じんそく》に経営判断を下していける。柔軟とは、しがらみがない形で決められること。迅速というのは、経営体が小さいことですね。

大手の証券会社がインターネット取引の手数料を下げられない一番大きな理由は、たぶん営業マンを抱えているからでしょう」

松本の話は、大男の横綱に縦横無尽《じゅうおうむじん》に立ち向かう、小兵《こひょう》の力士を思い起こさせた。その後マネックス証券は、いくつかの合併を行いながら、順調に成長している。

違法コピーに目くじらを立ててもしようがない。そもそも私たちの強さの源泉は、どんどん進化していく力。だから、いまあるものを盗まれても怖くないですね

南場智子《なんばともこ》（DeNA創業者）

南場智子

一九六二（昭和三七）年、新潟県に生まれる。八六（昭和六一）年、津田塾大学卒業後、マッキンゼー・アンド・カンパニー入社。九〇（平成二）年、ハーバード・ビジネス・スクールにてMBA取得。九九（平成一一）年、DeNAを設立。

二〇一九（令和元）年一一月時点で、ＤｅＮＡの時価総額は約三〇〇〇億円。創業者・南場智子は、世界で最も成功した女性起業家の一人だ。大手コンサルティング会社マッキンゼー・アンド・カンパニー出身。経営者を目指してこの会社を選んだのかと思いきや、違った。

「私はとにかく一生懸命働きたかったんです。留学から帰国したのが、男女雇用機会均等法施行の一年目。日本企業は形だけの『女性総合職』が多い印象でした。外資系なら男女わけ隔てなく使ってくれるかと考え、なかでもとことん仕事ができそうなマッキンゼーを選びました」

順調に出世していたのに、一九九九（平成一一）年に独立して起業したのはなぜだったのか。

「マッキンゼーは、すごく気に入っていました。でも、人の商売に横から口を出すだけではなく、自分でやってみたいと思っちゃったんです」

マッキンゼーの後輩二人を誘って、ネットオークション事業を始める。当初は赤字だったというが、〇六（平成一八）年にスタートした「モバゲータウン」がヒットして、軌道に乗る。

「うまくいったサービスは、私ではなく、社員が考えてくれたものばかりです」と、南場はいう。謙遜《けんそん》ではないらしい。どうしたら、社員がそんないいアイデアを出してくれるのか。

「会社が沈みそうだったからじゃないですか。なおかつ、トップが天才ではなく、『南場のいうことは正しい』と思わせるようなカリスマ性もない。だから社員たちは必死で考えるしかなかったんでしょう。私が社員にいっていたのは、『この船はこのままだと沈むぞ。死ぬほど働いてくれ！』でしたから」

そういって、南場は苦労を感じさせない笑顔を見せた。

南場は一一（平成二三）年、病気の夫の看病に専念するため、代表を退いている。残念ながら夫は五年後に亡くなり、南場は代表に復帰した。その不在時期に買収した横浜ベイスターズ（現横浜ＤｅＮＡベイスターズ）について質問をしてみた。

「最下位球団を買っていいの？」

すると、南場の弾けるような答えが返ってきた。

「田原さん、最下位の下はないんですよ。上に上がるしかないから面白いんじゃないですか！私は最初、買収に反対していたのですが、ＤｅＮＡにとって素晴らしくいいことでした。それまでは、自分たちの成長のことばかり考えていた私たちが、球団という『公共のもの』をお預かりして、プロ野球を盛り上げていくんだという意識を持てた。『公感』とでもいえばいいのか、それまで足りなかった意識を持てて、少し大人になれたと思います」

今後の事業展開のなかで問題になるであろう、ゲームの違法コピー問題についても聞いた。

「私たちのやっているゲームも違法コピーされています。でも、違法コピーに目くじらを立ててもしようがない。そもそも私たちの強さの源泉は、どんどん進化していく力。だから、いまあるものを盗まれても怖くないですね」

南場は常ににこやかで、実に柔らかい印象である。しかし瞬発力のある答えには、常に潔さと強さがあふれている。ＤｅＮＡという会社が大きくなったわけが分かった気がした。

# 新しいものに対する反応が一番いいのは若い女性です

森川《もりかわ》亮《あきら》（ＬＩＮＥ社長）

森川亮

一九六七（昭和四二）年、神奈川県に生まれる。八九（平成元）年、筑波大学卒業後、日本テレビ放送網入社。九九（平成一一）年、青山学院大学大学院でＭＢＡを取得。日本テレビ放送網を退社し、ソニーを経て、ハンゲームジャパン（現ＬＩＮＥ）入社。二〇一五（平成二七）年、Ｃ Ｃｈａｎｎｅｌ設立。

森川亮には、二度インタビューをしている。一度目は二〇一四（平成二六）年、LINEの社長としてであった。そして二度目の一五（平成二七）年、森川はLINEを辞め、新たに「C Channel」という会社を起こしていた。

私は、LINEが絶好調の時期に、彼が社長を辞めるとは予想もしていなかった。いったい、なぜ辞めたのか。

「むしろ絶頂期のほうが辞めやすいと思います。世の中、必ず始まりがあれば終わりがあります。終わりのタイミングは、なるべく影響が少ないときがいい。同じ人がずっとトップに居続けるのは、いいことではありません。僕は前の会社で八年間、社長をやりました。そろそろ次の世代へバトンタッチすべきタイミングが来ていたと思います。それに僕自身、日本を元気にするような新しいビジネスに挑戦したい気持ちが強かった」

森川がLINEを辞めてまで始めたかったビジネスとは、いったい何だろうか。

「『C Channel』のCは、communicationのC。映像でコミュニケーションするという意味を込めて、この名前を付けました。映像文化は時代とともに変化する。映画館にみなが足を運んだ時代、テレビが主役になり視聴者が映像を受け止めた時代、そしてこれからは映像の作り手と受け手がインタラクティブにコミュニケーションする時代になります」

私は、「テレビに代わる映像メディアを作ろうとしているということか」と確かめた。

「そうです。僕たちがやっているのは、女性向けの動画ファッションマガジンです。ファッションやグルメ、化粧品、旅行など、女性誌に載っている情報を動画化して発信しています」

少し意外だった。スポーツなどではなく、どうして女性誌なのか。

「新しいものに対する反応が一番いいのは若い女性です。男性は保守的なところがあり、新しいものを前にしても、何かと理由を付けて距離を置きがちです。若い女性は、『あ、これいいね』と素直に受け止めてくれる」

なるほど、男としてそれは分かる気がした。まずは女性誌から始め、森川は「Ｃ Ｃｈａｎｎｅｌを大きく育てたい」といった。具体的に、どう育てたいと考えているのだろうか。

「世界に通用するメディアにしたいと考えています。イメージは、ＭＴＶ（ミュージックテレビジョン）です。ＭＴＶは、かつてアメリカでケーブルテレビが普及したときに誕生し、世界に広まりました。ネットの時代になり、環境は整っているのに、まだ世界で成功した日本発のメディアブランドはありません。

Ｃ Ｃｈａｎｎｅｌを、その最初の事例にしたい。日本のいいものを分かりやすく世界に届けることも重要です。逆に、海外のお店を日本人が紹介してもいい。こんなバリエーションがデータベースとして溜まっていくと、世界はお互いに身近になる。そういうプラットフォームになれれば面白いと思います」

私は映画会社に入り、テレビの最も面白い時代を生きた。そして、いまはネット社会にいるのだと、あらためて実感した。世界で通用する日本発のメディアを、ぜひ見てみたい。

# グローバルスタンダードなんてあるわけない。普及しなかったエスペラント語のようなものだと思いますよ

出井《いでい》伸之《のぶゆき》（ソニーCEO）

出井伸之

一九三七（昭和一二）年、東京都に生まれる。六〇（昭和三五）年、早稲田大学第一政治経済学部卒業後、ソニー入社。九五（平成七）年、代表取締役社長に就任。二〇〇〇（平成一二）年、代表取締役会長兼CEOに就任。〇五（平成一七）年退任。翌年、クオンタムリープ設立。

出井伸之にインタビューしたのは、二〇〇〇（平成一二）年のことだ。前提として、あらかじめ記しておきたい。二〇年前、いまでは当たり前になっているネット通信料金定額制や高容量通信などは、日本ではまだ実現していなかった。

当時の出井はソニー代表取締役会長兼ＣＥＯとして、ネットビジネスを積極的に展開。私はまず、日本で盛んにいわれていた「失われた一〇年」という言葉について聞いてみた。

「日本がバブル崩壊で苦しんでいるときに、アメリカではリストラが終わり、大きくＩＴが伸びた。日本にとって一〇年遅れた意識があるんでしょう。しかし、僕は一〇年が『失われた』とは思いません。不必要な自信喪失だと思いますね」

しかし、「第二の敗戦」ともいわれるように、アメリカには負けたのではないか。

「やはりアメリカには負けたんでしょう。まだ日本が強かった一九八〇年代、アメリカは現状打破のため、リストラ、金融の新政策、通信・インターネット政策の三つをセットにして進めた。それが九〇年代に花開いた。一方の日本は、バブル崩壊で低迷に陥った」

そして、日本はこの「三点セット」に取り組んでさえもいない、といい切った。

「インターネット時代、官民で行うことは、非常に明確に分かれるんです。政府は基本的にインフラを整えること、民間はそのうえで自由競争を行うことです」

出井はその頃「二〇〇〇年はｅビジネス元年」とよくいっていたが、私から見ると、ネットの特性を活かした本当に新しいビジネスが生まれているとは思えなかった。

「たしかに、日本では規制がまだ厳しいところがあり、進んでいない。けれど、インターネットによって生まれる新市場の可能性はあります。一番の阻害要因は、通信容量の少なさ、通信料の高さ。アメリカでは、インターネットを通して音楽がどんどんダウンロードされている。インターネットは、恐竜を滅ぼし地球に劇的な変化をもたらした巨大隕石と同様の衝撃を持っていると思います。だから、『インターネットという隕石が落ちる』というのです」

日本にはまだ落ちていないのか、と聞くと、出井は「落ちていないどころか、落ちようもない」と、ため息とともにいった。

「他の国で隕石が落ちた劇的な変化を見て、日本に戻ると何も変わらない世界を見る。外国でビジネスをやればやるほど、『新国益論者』になりますね」

私は出井がナショナリスト的な意識を持っているのが意外であり、その感想をそのまま伝えた。

「僕は『グローバルスタンダード』といった言葉が好きではないんです。グローバルスタンダードなんてあるわけない。普及しなかったエスペラント語のようなものだと思いますよ」

そういって、出井は笑った。〇五（平成一七）年、出井は会長兼CEOを退任。その後、出井のソニーにおける業績について様々な評価を聞く。

しかし、現在のネット社会を見据え、ソニーを導こうとしたことは間違いない。日本に「隕石が落ちる」のが、遅すぎたのであろうか。

# 「みんなが煩わしさを感じているものを対象にせよ」——これは大きな非効率がある市場が有望だということです

**岩瀬《いわせ》大輔《だいすけ》**（ライフネット生命保険創業者）

岩瀬大輔

一九七六（昭和五一）年、埼玉県に生まれる。九八（平成一〇）年、東京大学法学部卒業。二〇〇六（平成一八）年、ハーバード・ビジネス・スクール卒業。〇八（平成二〇）年、ライフネット生命保険設立、副社長に就任。一三（平成二五）年、社長就任。会長を経て一九（令和元）年退任。

ライフネット生命保険。二〇〇八（平成二〇）年に設立。ネット販売のみ、保険外交員はゼロ。生保業界に革命を起こした、といってもいい。

設立したのは日本生命保険出身の出口治明《でぐちはるあき》、そして岩瀬大輔だ。岩瀬は、東京大学とハーバード・ビジネス・スクールの出身。ボストン コンサルティング グループに勤務し、いわば「王道」を歩んだ人物だ。

その岩瀬が、大手の寡占《かせん》状態である日本の生保業界に挑戦したのはなぜだったのか。実際、独立系生命保険会社が日本に設立されたのは、何と七四年ぶりだという。まるで「道場破り」ではないか。

「投資家の方から提案があったのです。それに、僕が留学中に聞いた『大きく伸びるベンチャービジネスの三つの条件』に、生保は当てはまっていました。まず一つは、『みんなが使っているものを対象とせよ』――これは大きい市場を狙えという意味です。次に、『みんなが煩《わずら》わしさを感じているものを対象にせよ』――これは大きな非効率がある市場が有望だということです。そして三番目は、『技術革新や規制緩和で、その煩わしさが取り除かれる可能性のあるものを対象とせよ』。生保は、どれも当てはまるのです」

必要でも煩わしい存在……なるほど、生命保険そのものだ。そして日本の大手生保は、いまだに多くが「相互会社」である。株式を公開していないわけで、そんな業界は他にない。非効率的だ。

「調べたら、一〇〇年前も生保の営業職員が家を訪問し、奥さま方の不安を煽《あお》って保険を勧めていたという資料を見つけました。ひょっとすると、いまもあまり変わっていないのかもしれません。生保のビジネスモデルは、戦後七〇年の縮図です。女性も働き始め、少子化になり、時代はがらっと変わったのに、延々と同じことを続けています」

　時代は変わり、インターネットが普及した。そこで外交員ではなく、ネット販売というわけだ。肝心《かんじん》の販売する「商品」、つまり保険内容も大手生保と違うのか、それを岩瀬に聞いた。

「基本的に同じです。ただ、僕らは特約などを削《そ》ぎ落として、本当にシンプルな保障だけにしています。うどんでいうなら、具を載せない『素《す》うどん』です。生命保険は災害時の非常食みたいなものだから、デラックスである必要はないというのが、僕らの考え方です」

　なるほど、「素うどん」とは面白い。特約をこってり載せられて高い保険料を払っている人も多い。そして、岩瀬のざっくばらんな、しかも分かりやすい説明に感心した。

　聞けば岩瀬は、本を書くなど、社外の活動も活発に行っているという。

「文章だけでなく、文化活動や芸術全般が好きです。日本でも、かつてはアートやチャリティで社会貢献をする経営者がたくさんいましたが、僕らの世代ではほとんどいない。起業家は会社の利益を追求するだけではなく、社会と共生したり貢献したりする姿勢を示さないと、リスペクトされません。僕らの世代でも、そこに気づいた人は、文化や芸術の保護にも積極的です」

　岩瀬を取材したのは一三（平成二五）年。一八（平成三〇）年に会長となり、翌年に退任した。次のビジネスを手掛けるのか、文化や芸術保護か、はたまた執筆か——楽しみである。

## 優柔不断です。うじうじ考えるんですよ。それでもって最後に、考え疲れて決断するんです。もういいや、きりがない、と。実は、これが社長の決断なんです

松《まつ》井《い》道《みち》夫《お》（松井証券社長）

**松井道夫**

一九五三（昭和二八）年、長野県に生まれる。旧姓、務台《むたい》。七六（昭和五一）年、一橋大学経済学部卒業、日本郵船入社。八七（昭和六二）年、妻の父親が経営する松井証券入社、九五（平成七）年、代表取締役社長就任。九八（平成一〇）年、本格的なネット証券事業に参入。

松井証券といえば、日本のネット証券の草分けといっていいだろう。社長の松井道夫に話を聞いた二〇〇六（平成一八）年当時、株売買額は一日約一〇〇〇億円。これは、二〇年前の同社の年間売買額に相当する。話し始めると、松井からは意外な言葉が飛び出した。

「僕にとって一番の決断は、インターネットを使って株取引のシステムを作るということよりも、インターネット以前、『外交セールスをやめる』といった、この決断です。

セールスマンに、『セールスはやるな』『セールスをやっても、お客さんは喜ばないぞ』といった。セールスをされて喜ぶお客さんなんて、ほとんどいません。しかもセールスにはコストがかかっており、結果的には、お客さんが払う手数料に上乗せされます。さらに『この株は上がりますよ』といって当たるならいいのですが、だいたいは当たらない」

一九九五（平成七）年、社長になると松井は、外交セールスを一切やめると宣言。古参社員たちからは当然、猛反発をくらった。松井は激昂《げっこう》する彼らに、こう答えた。

「セールスをやめてどういうものが得られるか、やってみないと分かりません。でも、凄いものが得られるような気がするんです。ちなみに僕は社長です。僕が決めるんですから、皆さんには申し訳ないけれども、僕のいっているこの決断に従ってもらいます。お願いします」

しかしベテラン社員たちは、一人、二人、三人と、顧客を連れて別の証券会社に移っていってしまった。

「そして誰もいなくなった、です」と、松井は笑った。

そうして松井は、外交セールスの代わりとして、コールセンターを置いた。

「女性を中心に、優秀な社員をコールセンターに集めました。彼女たちには、『相場は語るな』といいました。勉強や分析は大事だけれど、それは野村證券にはかなわない。したがって、徹底的な客観情報だけをお客さんに伝えてあげる。要するに受け身に徹してくれ、と」

それが客の支持を得た。松井証券は、証券不況の真っ只中《ま　ただなか》の九五年、バブル期のピークを超える利益を上げたのだ。

その後、金融ビッグバンによって証券の手数料が自由化され、同時期にインターネットが広がり始めた。松井は手数料を下げ、そしてコールセンターを捨て、インターネットに特化した。すべて、松井が決めてきた。

「これほどにも、社長というのは、決断をしなくてはいけない存在なんです。対して、副社長というのは、決断しなくていい。社長が決断したことについて、どんなやり方がいいかなと考えて、実行する。どちらが上、下ではなく、両方大事です。でも『決断する』ということは、社長にしかできません。この十数年、社長を務めてきて、そういうことだと気がつきました」

松井は社長として時代の先を読み、ことごとく的中させた。決断力があるということか。

「スパッと切るように決断するなどといわれていますが、ぜんぜん違います。優柔不断です。うじうじ考えるんですよ。それでもって最後に、考え疲れて決断するんです。もういいや、きりがない、と。実は、これが社長の決断なんです」

# 「同じ釜の飯三〇年」の人間だけで役員をやっていると、全員が食中毒にかかっちゃうことだってあるんです

夏《なつ》野《の》剛《たけし》（ドワンゴ社長）

夏野剛

一九六五（昭和四〇）年、神奈川県に生まれる。八八（昭和六三）年、早稲田大学政治経済学部卒業後、東京ガス入社。アメリカでＭＢＡ取得後、九三（平成五）年に退社。九七（平成九）年、エヌ・ティ・ティ移動通信網（現ＮＴＴドコモ）入社。ｉモード立ち上げに携わる。二〇〇八（平成二〇）年に退社。

夏野剛。「ｉモードの父」と呼ばれ、エヌ・ティ・ティ・ドコモ（現ＮＴＴドコモ）を牽引しながら、退職。その後、ドワンゴ社長など、経営者として、また教育者や論客としても活躍する。取材した二〇一〇（平成二二）年当時、名刺をもらうと、肩書は「慶應義塾大学特別招聘《しょうへい》教授」であった。

「最近は大学の名刺ばかり使ってるんです。取締役ではいえなくても、慶應の教授だと……」

夏野はいたずらっぽくいった。「教授」の肩書なら、しがらみもなく何でもいえるということらしい。それはいいと私も笑った。

私は「日本の大企業には経営者がいないと思う」と、やや乱暴に話を振った。「本当の意味での経営者がね」と、夏野は受けてくれた。

「前にいた会社の悪口をいうつもりはない」という夏野を煽《あお》るわけではなかったが、私は日本企業のダメさ加減をぶつけた。長年、企業取材をしていると、「面白い」と思う社員は、まず社長にならない。面白い人間はチャレンジする。チャレンジすれば失敗もあるが、日本企業はそれを許さない。社長になる人間は人当たりがいい、失敗しない、そんな人間が社長になる。だから経営者も調整役であり、自分で決定せず、会議ばかりしている……。

「田原さん、まるで役員会にいたみたいですね」と、夏野は笑った。

「まさにそこが、日本の大企業が世界で勝負できない最大のポイントですよ。僕、よくいってるんですけど、『同じ釜の飯二〇年』の人間だけで役員をやっていると、全員が食中毒にかかっちゃうことだってあるんです、と。いまどき、そんな『同じ釜の飯』はいらない。いろんな属性の経営者がいて、しかも変わったりすることで、初めて普通の会社になれるんです」

　夏野の言葉には、これまでに見てきた企業の経営陣に対する鬱憤《うっぷん》が垣間見《かいまみ》えた。

「さらに、この一〇年間で、ＩＴが出てきました。ＩＴがからんでくると、これがまた難しい問題なんです。一二年前にできたグーグルが、あんなに大きくなっている。こんなに変化が激しいときは、新しいテクノロジーを経営に入れる、あるいはそれを活かして商品開発するなど、トップが決めないと話が進まない。トップの信念が重要。そして、トップセールスや、トップが自ら人脈を切り開いていくことなどが必要なんです」

　夏野は、自分の専門であるＩＴ分野についても懸念を語った。しかし一方で、日本の未来に対して「楽観視しているところがある」という。そこをぜひ聞きたい。

「経営の三種の神器は何かと考えるんですよ。まず、お金ですよね。日本には、一四〇〇兆円の個人金融資産がある。ほとんど銀行に預けられていますが、たとえば一〇〇兆円でも、株式市場や、あるいは新しい技術開発のために出てきたら、凄いことになりますよ。

　二番目は人材です。日本だけなんですよ、経営者が『社員がサボるんじゃないか』と、あんまり考えなくていいのは。日本だけなんです。最後に、技術があります。

　これが三種の神器です。逆にいえば、マネージメントに、『俺はやるぞ』という強い意志があり、哲学もある人間を連れてくれば、日本は必ず復活します」

これからは一人ひとりが納得いく働き方ができているか、納得いく仲間と働いているのかというところに光を当てないと、いいパフォーマンスを生まないと思います。その意味で、チーム経営が大事なのです

吉田浩一郎《よしだこういちろう》（クラウドワークス創業者）

吉田浩一郎

一九七四（昭和四九）年、兵庫県に生まれる。九八（平成一〇）年、東京学芸大学卒業後、パイオニア入社。二〇〇一（平成一三）年、展示会企画会社に転職。〇七（平成一九）年に起業するが、役員に離反されて失敗。一一（平成二三）年、クラウドワークスを設立。

正直で、自分を取り繕《つくろ》わない人。それが吉田浩一郎の第一印象である。前の事業で仲間に裏切られ、再起を図った吉田がまず始めたこと、それはやはり「仲間探し」だった。

「業界内で『あいつは役員に逃げられ失敗した』と噂《うわさ》になっていたので、まずは信頼がある人に株主になってもらおうと考えました。会いに行ったのは、楽天球団の立ち上げメンバーの一人、小澤隆生《おざわたかお》さんです。最初の面談で『お前は怪しい』といわれたのですが、ビジネスモデルには興味を持ってもらえました」

ビジネスの内容には興味を示してもらえた。しかし、「人間」として信用されるためには、まだ何かが足りない。そのとき吉田はどうしたか。

「いままでの失敗談を正直に話しました。自分は、お金にも社長という地位にも興味があった。女性にモテたかったし、ワインも好きだった。でも、失敗を経て、人の役に立つ事業をしたいということ以外はいらないと、本気で思った。だからクルマも売ったし、前の会社で得た貯金二五〇〇万円も、すべてこの事業に注《つ》ぎ込みます、と」

吉田が何度も通い、そう伝えると、小澤は最終的に出資してくれたという。さらに出資者を集め、プログラマーを集め、クラウドワークスを設立。ところで、実はクラウドワークスが行う「クラウドソーシング」というサービスを、私はよく知らなかった。

「仕事をアウトソーシングしたい企業と、仕事したい個人を、インターネット上でマッチングするサービスです。アメリカにｏＤｅｓｋ《オーデスク》という会社があり、二〇一一（平成二三）年当時既に年間二〇〇〇億円くらいの仕事をマッチングしていました。

凄いのは、アメリカの企業が発注する仕事を、フィリピンやウクライナ、あるいはインドなどの人たちが受注していたこと。まさに世界規模です」

なるほど、ネット上でやり取りできる仕事であれば、距離や国境に関係なく発注できるわけだ。しかもそうした種類の仕事は、近年、急増している。吉田の読みどおり、クラウドワークスは順調に成長し、一四（平成二六）年に東証マザーズ上場、一四年度の売上高は約四億円だという。

次なる目標を吉田に問うと、「今後二〇年で営業利益一兆円」、そして「チーム経営」を掲げた。しかし、孫正義《そんまさよし》も三木谷浩史《みきたにひろし》もワンマン経営ではないか。なぜ「チーム経営」なのか。

「これからは一人ひとりが納得いく働き方ができているか、納得いく仲間と働いているのかというところに光を当てないと、いいパフォーマンスを生まないと思います。その意味で、チーム経営が大事なのです」

チーム経営だとすれば、吉田は経営にどう関わるのかと問うた。

「いま私は、現事業に関する会議には、ほとんど参加していません。現場の力だけで一〇〇パーセント決めます。カーネギーホールと契約しているオルフェウス室内管弦楽団には指揮者がおらず、演奏者同士が話し合って、音楽を作ります。これで四〇年続いているそうですから、経営も同じことができるんじゃないかと思うのです」

# アメリカの多様な人種のなかで受け入れられるサービスを作れば、世界のどこでも通用します

山田進太郎《やまだしんたろう》（メルカリ創業者）

山田進太郎

一九七七（昭和五二）年、愛知県に生まれる。二〇〇〇（平成一二）年、早稲田大学教育学部卒業。大学四年時に楽天のインターンを体験。〇一（平成一三）年、ウノウ設立、ウェブサービス「映画生活」などを展開。一三（平成二五）年、メルカリ設立。会長となったあと、一九（令和元）年、社長に復帰。

シェアリング・エコノミーが一般的になった。自動車、自転車、住宅など、様々なモノやサービスを共有し、必要なときだけ使えるというわけだ。

メルカリ創業者・山田進太郎は、「メルカリはシェアリング・エコノミーの大きなトレンドのなかにある」といっている。だが、「フリーマーケット」アプリのメルカリは、「シェアリング」とは少し違う気がするのだが……私は山田に、その意味を尋ねた。

「フリマは売買なので、同時にシェアするわけではありません。ただ売買といっても、ユーザーに商売っ気はない。それより、たとえば着られなくなった子ども服を、大切に使ってくれる人に引き継いでほしいという思いで出品している人が多いんです。

モノがメルカリのなかでぐるぐる回っている状態は、まさにシェアリング・エコノミーといっていいかと思います」

なるほど、「時差ありシェアリング」というわけだ。

山田は早稲田大学卒業後、映画や写真関係のサイトやゲームを展開する会社を立ち上げた。そのゲーム会社を売却し、なんと世界一周の旅に出てしまう。

「半年少しかけて、二十数ヵ国を回りました。飛行機をなるべく使わず、電車やバスで移動したことで、地域ごとの文化の違い、豊かな国と貧しい国があることなど、肌感覚でつかめてきた。これは、いま世界展開するうえで、おおいに役に立っています」

そして、帰国後にメルカリを始める。

「旅立つ前はガラケーが主流だったのが、帰国したら、みんなスマホを持っている。衝撃でした。個人取引は面白いと思っていましたが、ヤフオク！には太刀打《たちう》ちできない。ひっくり返すなら、スマホが普及し、個人と個人が簡単につながる『いま』だと、立ち上げました」

　山田は、自分のことを「リバタリアン（自由至上主義者）」だといっている。

「国という枠組みが秩序を保っているのは理解していますし、否定するつもりはありません。ただ、いいサービスを作り、できるだけ多くの人に使ってもらいたい。それには規制は少なく、国境は自由に越えられたほうがいい。その意味でリバタリアンだといっています」

　実際、メルカリは早くから世界を視野に入れ、現在はアメリカでサービスを展開しているという。なぜ、アメリカなのか。

「アメリカが世界の縮図だからです。アメリカの多様な人種のなかで受け入れられるサービスを作れば、世界のどこでも通用します。日本発のサービスは、どうしても日本っぽいサービスになってしまう。僕たちもアメリカに行って初めて、何がユニバーサルサービスなのかが分かりました。

　たとえば、文字に頼った説明はダメですね。文字の説明がなくても、一目で『これはやっちゃいけない』と分かるデザインにしないといけない」

　アマゾンやフェイスブックなどアメリカ発のサービスが席捲《せっけん》するITの世界に、「日本発」が斬り込んでいくのか。私は注目している。

# 国民国家を前提としない情報伝達の仕方があってもいいんじゃないか

鈴木健《すずきけん》（スマートニュース会長）

鈴木健

一九七五（昭和五〇）年、長野県に生まれる。九八（平成一〇）年、慶應義塾大学理工学部卒業後、東京大学大学院に進学。二〇一二（平成二四）年、スマートニュースのアプリ提供を開始。一三（平成二五）年、『なめらかな社会とその敵』を出版、ベストセラーに。スマートニュース会長。

ニュースアプリ「スマートニュース」を読んでみた。読みやすいレイアウト、電波がなくても読めるという点にも驚いた。そして創業者の鈴木健によれば、大きな特長があるという。

「スマートニュースは、数百万人ものユーザーによって掲載される記事が決められているのです。その数百万人の意見集約には、人工知能（ＡＩ）の力を借りています。たとえば、ある記事をユーザーが何秒間読んだのか、といった様々な視点で分析される。誰か特定の人ではなく、数百万人の『集合知』で判定し、一〇〇〇万本から、一日に一〇〇〇本くらいに記事を絞っていくわけです」

ニュースを選ぶのはあくまで人間だが、その集計作業を人工知能が行う、というわけだ。鈴木は研究者として、『なめらかな社会とその敵』を出版している。ごく単純に内容をいうと、「境界線を取り払ってなめらかな社会にしよう」というのが鈴木の主張だ。

「ベルリンの壁が壊れ冷戦が終わった直後は、理想主義が強かったですよね。フランシス・フクヤマは『歴史の終わり』で、大きな戦争はもう起こらないと書きました。ところが現実には、湾岸戦争が起きてしまった。理想主義が、現実主義との戦いに、敗れてしまったのです」

なぜ理想主義は負けたのだろう、と私は鈴木に問うた。

「戦争が起きるのは『生命の本質』であり、それがない世界を作るのは本質的に難しいということが分かっていなかった。生命は資源がないと生きていけません。外部から何らかの資源をなかに入れて、そこで化学反応を起こしてエネルギーを取り出し、残ったものを外に出す。この代謝システムが生命の本質です。これは国家も同じ。ただ、資源というものは有限であり、人口が増えている状況では奪い合わざるを得ない。その現実を直視していなかった」

資源を奪い合うのが生命の本質だとしたら、どうすればいいのだろうか。

「生命は『核』と『膜』で境界線を作り、内に資源を囲い込もうとします。この機能を弱め、世界を『網』としてとらえる仕組みをイノベーションによって作っていくのです」

これが鈴木の考えだ。「膜」は国境を意味する。つまり、国はないほうがいいということか。

「国の存在を否定しているわけではありません。ただ、国民国家のリスクは認識したほうがいい。国民国家に依存しない新しい社会のあり方を模索する必要もある」

難解だが、鈴木の理想はほぼ分かった気がした。そして、「なめらかな社会」とスマートニュースというビジネスは結びついているのかと聞くと、鈴木は力強く肯定した。

「ザ・イエロー・モンキーというバンドの『JAM』という曲をご存じですか？　そこに『外国で飛行機が墜ちました。ニュースキャスターは嬉しそうに乗客に日本人はいませんでしたといった』という歌詞が出てきます。これは象徴的な歌詞で、既存のニュースメディアは国民国家を前提としたメディアであるということが分かります。

僕は国家単位のニュースがいいとか悪いとかいう議論をするつもりはありません。ただ、オルタナティブとして、国民国家を前提としない情報伝達の仕方があってもいいんじゃないかと思っています」――その意気やよし。スマートニュースを見るのが楽しみになる。

# 第三章

# 実直社会貢献型

「運」というのは、難しいことにぶつかったとき、悲観してあきらめるか、面白がって前向きに取り組めるか、そこなんです

松下幸之助《まつしたこうのすけ》（パナソニック創業者）

松下幸之助

一八九四（明治二七）年、和歌山県に生まれる。パナソニック（旧松下電器産業）、ＰＨＰ研究所創業者。一六歳で大阪電燈（現関西電力）に入社、在職中に電球ソケットを考案。一九一八（大正七）年、松下電気器具製作所を起こす。八九（平成元）年没。

私が松下幸之助と会ったのは、一九八〇（昭和五五）年のことであった。松下は、七七（昭和五二）年、二六人中二五番目の取締役だった山下俊彦《やましたとしひこ》を三代目社長に大抜擢《だいばってき》していた。なぜこんなに思い切った人事をしたのか、何が決め手となるのか――。私は、率直に問うた。

「頭の良さは関係ない。頭の良い人間は得てして小賢《こざか》しい。小賢しいよりは、『純』な人間のほうがいい。健康も関係ない。自分は結核が治り切っておらず、『半病人経営』です。健康な人間はつい先頭に立って、『俺に付いてこい』という経営をしてしまう。しかし、後ろを振り返ると誰も付いてきていない、ということが少なくない。私は半病人だから、みんなの後ろから付いていくのです」

そういって、松下は笑った。では、いったい何が重要なのか。

「大切なのは、運です。運のない人間は、あきません。『運』というのは、難しいことにぶつかったとき、悲観してあきらめるか、面白がって前向きに取り組めるか、そこなんです。難しい問題にぶつかったとき、面白がって前向きに取り組める人間、そういう人間を、私は抜擢《ばってき》します」

私は、そのとき祖母の言葉を思い出した。私の生まれた滋賀県は、近江《おうみ》商人の故郷である。

「近江商人は、『運、鈍、根』だ。けれど天が定めた『運のいい、悪い』があるのではない。愚直になれ、鈍感になれ、そして根気よく続ければ、運は向いてくる――」

松下幸之助の言葉は、まさしくこの「運、鈍、根」であった。

もう一つ、祖母が近江商人の精神として教えてくれた言葉が「三方よし」だ。商売は、まずお客さんにとって「よし」。そして、社会にとっても「よし」。それで初めて自分の商売がうまくいき、自分も「よし」。つまり「三方よし」となる。

松下は、四六（昭和二一）年、「物心ともに豊かな真の繁栄を実現していくことによって、人びとの上に真の平和と幸福をもたらそう」という理念のもと、PHP研究所を設立した。さらに理想の実現を求めるために、七九（昭和五四）年、人生の終盤に立ち上げたのが「松下政経塾」であった。あるとき、私は、松下から直接電話をもらった。立ち上げに当たって、ジャーナリストである私の話が聞きたいというのだ。

私は京都のPHP研究所に行って、自分の思いを話した。当時、私は四〇歳を超えたばかりであり、松下は八〇歳、日本の代表的経営者だ。その松下が、何と私の話を一時間半も聞いてくれた。すると、三日後にまたもや連絡が来た。私は結局、二度にわたり、三時間以上話をすることになった。

優れた経営者というのは人の話を聞くのが非常にうまい。私は若気《わかげ》の至りで、勢いのまま語った。その話に、熱心に耳を傾けてくれた松下の姿をいまも鮮明に思い出す。その後、松下政経塾が多くの優秀な人材を世に送り出すようになったことは、周知のとおりである。

松下は、松下電器産業を起こしたのみならず、人生の後半戦でPHP研究所、終盤戦において松下政経塾を設立し、社会に貢献した。まさに「三方よし」を終生貫いた経営者であった。

# 世の中に失敗というものはない。チャレンジをあきらめたときに、それを失敗というのだ

稲盛和夫《いなもりかずお》（京セラ創業者）

稲盛和夫

一九三二（昭和七）年、鹿児島県に生まれる。五九年（昭和三四年）、京都セラミック（現京セラ）を設立し、世界的企業に育て上げる。八四（昭和五九）年、第二電電企画（現ＫＤＤＩ）設立。その後、会社更生法の適用を受けた日本航空を会長として見事に再生させた。

私は、数多くの政財界人とそれぞれの個性が、日本に影響を与えるのを見てきた。彼らは皆それぞれに違った才能と個性を持っている。では、共通する部分とは何か。それは、「どんなときでもマイナス思考にならない」ということではないかと思う。

京セラ創業者の稲盛和夫もまた、そうした人間だ。稲盛はいう。

「世の中に失敗というものはない。チャレンジをあきらめたときに、それを失敗というのだ」

稲盛に初めて会ったのは、一九八〇（昭和五五）年。京都セラミックは既に社員数三〇〇〇人という大企業だった。当時の稲盛は、しきりに「心をベースにした経営」ということを力説していた。「経営者と社員とのあいだには、いかなる違いもない。お互いに信頼し合った者同士が企業という集団、いわば運命共同体のために働くのだ」といっていた。私はこういう言い方に、どうしても強い抵抗があり、怪しみながら稲盛と会う日を迎えた。

山科《やましな》工場を訪ねると、稲盛はいわゆる「ナッパ服」のような作業着で現れた。稲盛は、若い頃に受験や就職の失敗を繰り返し、肺浸潤《はいしんじゅん》を患い、「人生は挫折の連続だった」と話した。その病床で、「生長の家」教祖である谷口雅春《たにぐちまさはる》の著書『生命の實相《じっそう》』を繰り返し読み、衝撃を受けたという。

就職した京都の松風《しょうふう》工業では、ニューセラミックスの開発チームに配属され、寝食を忘れて研究に打ち込む。ところがニューセラミックス部門が軌道に乗り、会社の屋台骨《やたいぼね》にまでなると、開発の立役者だった稲盛らは外されてしまう。そこで稲盛は仲間たちと退社。五九（昭和三四）年、倒産覚悟で京都セラミックを設立した。一年後、社員数は六〇人へと倍増、年間売上高は約二六二七万円。倒産どころか黒字になった。私は稲盛に成功の秘訣は何かと聞いた。

「全社員がお互いに信頼し合い、一体となって懸命に働いたためです」——何のてらいもなく稲盛はいった。

「不安定極まりない状態で社員を雇って、無責任に『一生懸命働け、働いたらこうもする、ああもする』と空念仏《からねんぶつ》を唱えるわけにはいきません。しかし、現実には、がむしゃらに働いてもらわなければ、たちまちに潰れてしまう。つくづく感じたのは、われわれは雇い雇われるという関係ではない。少なくとも人間は、人を雇うなんておこがましいことはできない。われわれは一緒に働くために集まったパートナー、同志なのだということなのです。

経営者とか社員といった差はない。みんな、惚《ほ》れて集まった者同士で、みんなで作った会社、この集団のために、一生懸命に働き、苦楽をともにする。われわれの会社は、いわば運命共同体なのだと考えないわけにはいかなかったのです」

実は、当時の私は、この稲盛の言葉を信じ切れなかった。しかし、あれから四〇年、稲盛は流儀をまったく変えず、京セラとＫＤＤＩを一流企業に育てたばかりか、倒産した日本航空を見事に再生させた。いまの日本で、稲盛の経営は信仰のように語られる。まさに「心をベースにした経営」であった。ひねくれ者の私も、いまとなっては信じざるを得ない。その根底に一貫して流れる、ぶれない「利他主義」に感服するばかりである。

# 日本は一〇〇年でこれだけ脱却したんです。大急ぎでやってきたのだから、問題がいっぱいあるのは当たり前だ

土光敏夫《どこうとしお》（経団連会長）

土光敏夫

一八九六（明治二九）年、岡山県に生まれる。一九五〇（昭和二五）年、石川島重工業（後の石川島播磨《はりま》重工業）社長就任。六五（昭和四〇）年、東京芝浦電気（現東芝）の社長に就任、経営再建に成功。七四（昭和四九）年から六年間、経団連会長。八八（昭和六三）年没。

経団連会長時代の土光敏夫にインタビューしたのは、一九七九（昭和五四）年のことだ。初めて会う八二歳の土光は小柄で、ソファにポツンと座っていた。眼がまるで少年のように美しく、その表情はどこまでも穏やかだ。「経営再建の鬼」というイメージとはまったく違う。

いったい何を聞こうか。実は、秘書から「経団連会長としての質問に限定してほしい」と念を押されていた。しかし私は「人間・土光を引き出したい」と思い、直球の質問を投げ続けた。それでも無難な答えが続いたが、ある質問をしたとき、土光の様子が変わった。

「日本という国は、ニクソンショック、オイルショック、円高と、外から衝撃を受けるたびに懸命に修理し、軌道を修正する。その作業は見事ですが、長期計画を立て、総合的政策を練る体質も力量もないのではありませんか。だから、あっさり首相が代わってしまう……」

「わしはそうは思わん」──土光は初めて気色《けしき》ばんだ口調で答えた。怒鳴られると覚悟した。しかし土光は、すぐに穏やかな口調に戻った。その後、私は政治の質問に強引に戻した。当時の日本は、自由主義陣営の一員として政治的な責任を求められ始めた時代であった。

土光は、「アメリカ、中国、ソ連とも仲良くすればいい。それをやるのが政治だと思う。日米、日中が仲良くする、だからソ連と敵対関係になるなどといっているのは、政治をまったく知らない輩《やから》だ」と論じた。終盤に、「日本」という国を弁護するように、こういった。

「とにかく一〇〇年で日本はここまで来たんだ。先進国を見よう見真似で、懸命に真似しながらね。真似をしてきたということは、どうしても後手後手になる。それは仕方がない。しかし、日本は一〇〇年でこれだけ脱却したんです。大急ぎでやってきたのだから、問題がいっぱいあるのは当たり前だ。僕は決して、これでいいと思っているわけじゃない。あなたのような人間に、どんどん苦言を呈してもらって、もちろんわれわれも政府に要求を出す、反省もおおいにする。それでやっていこうじゃないか、ということです」

最後に「高度成長が終わり、日本人の新しい価値観をどこに求めれば良いのか」と問うた。

「それは時代とともに変わるのだから、僕のような頑固頭の老人に聞いたってダメだよ。新しい価値観、新しい生き方を探し、新しいコンセンサスを作り上げていくのは、それはやはり、若い君らの世代の仕事だよ」

土光は「私は御役御免《おやくごめん》だ」という口調でいった。

ところが、二年後の八一（昭和五六）年、土光は鈴木善幸《すずきぜんこう》内閣の第二次臨時行政調査会長に就任したのだ。国鉄、電電公社、専売公社の民営化が成功したのは、土光がいてこそのことだった。鈴木・中曽根康弘《なかそねやすひろ》両内閣に「増税なき財政再建」を提言したのも土光であった。土光は、新しい日本の形について「僕のような頑固頭の老人に聞いたってダメだよ」と語りつつ、晩年、日本経済の根幹を変える大きな仕事をやり遂げたのである。

経営者時代、経団連時代……土光は一貫して徹底した「無私」の人だった。そして、最後は国のために働き納めた。私は、昭和という激動の時代に、土光敏夫という人物が日本にいてくれた幸いを思う。

# ベンチャービジネスは、業界の常識を乗り越えて、大会社を張り倒して出てくるもの。塾なんかないと思ってほしい

牛尾《うしお》治朗《じろう》（ウシオ電機創業者）

牛尾治朗
一九三一（昭和六）年、兵庫県に生まれる。五三（昭和二八）年、東京大学法学部卒業後、東京銀行入行。六四（昭和三九）年、ウシオ電機を設立。九五（平成七）年、経済同友会代表幹事に就任。翌年、日本ベンチャーキャピタルを設立。

牛尾治朗にインタビューをしたのは、一九九五（平成七）年のことだ。牛尾は当時、経済同友会代表幹事。日本は長い不況を経験し、企業経営が大きく変わろうとしている時期であり、「本社二〇〇人」という流行語が生まれていた。「リストラ」を口にする経営者が、ホワイトカラー、特に管理職の合理化に重点を置くのはなぜなのか。私はまずその点を問うた。

「本社のコンセプトが変化しているんです。僕がいつも例に挙げるのは、『劇団四季』と『歌舞伎座』です。『劇団四季』は芝居中心に考え、箱はテントでもいい。芝居が終わればテントも畳んじゃう。これはアメリカの本社のコンセプトです。事業が軸で、それに役立つテント小屋みたいな本社でいいと考えれば、本社の経費はとたんに安くなる。対して『歌舞伎座』は、まず立派な建物があって、そこへ演し物《だしもの》を入れるという発想です。日本企業の本社は『歌舞伎座』方式ですから、いろんな余計なものが要ります」

そして牛尾は、リストラの好例として、ゼネラル・エレクトリック（GE）社を挙げた。

「アメリカのGE社は、ジャック・ウェルチ会長が、『本社は企画室だけでいい。財務や経理、人事や総務は全部、事業部に付けちまえ』とやって、本社は二〇〇人になった」

まさしく「本社二〇〇人」なのである。さらに、「天下のGEには、事業部門別のニッチマーケットのそれぞれに、合計六人の社長がいるのだ」と牛尾はいう。

「つまり、『戦艦大和』の大鑑巨砲主義の時代から、駆逐艦がたくさんいる時代に経済構造が変わってきたと見たほうがいい」

たしかにアメリカでは、マルチメディアの最前線にいるベンチャービジネスがたくさん生まれている。日本は、いまだに戦艦大和みたいなのがゾロゾロいる。どうすればいいのか。牛尾は、日本でベンチャービジネスが増えない問題点として、規制の多さと法人税率の高さを挙げた。その一方で、若い世代への物足りなさも漏らした。

「日本にも優遇措置はありますが、一般ルールになっていない。ルール化すれば、ベンチャーは必ず出てきます。しかし、僕もベンチャーの走りで、創業時代には塵芥《ごみあくた》のごとく扱われ、歯を食いしばって乗り越えた。そういう自立のハングリー精神が、いまは乏しいですね。

経営者というのは、五～六回つまずいても、『俺のやることは間違いない』という性格じゃないと成功しない。今度ベンチャーキャピタルを作るんですよ。ただ支援はするけれど、ベンチャービジネスは、業界の常識を乗り越えて、大会社を張り倒して出てくるもの。塾なんかないと思ってほしい」

そして、ベンチャーを目指す若い世代へエールとなる言葉を贈ったのだった。

「人間は夢があるから生きている。アンドレ・モーロワの幸福論やサルトルの実存主義などを読んで、何に向かってわれわれは懸けるのかということを哲学してから経営者になってほしい」

あれから四半世紀。日本のベンチャー企業の数は増えたが、ＩＴおよびＡＩ関連では、アメリカに何周も遅れたままである。いま日本経済のあり方について、牛尾は何を語るだろうか。

人間の夢は欲望に変わるものです。僕には
三〇年前、夢があった、志があった。ところが、
志は野心に変わるのです

南《なん》部《ぶ》靖之《やすゆき》（パソナ創業者）

南部靖之

一九五二（昭和二七）年、兵庫県に生まれる。関西大学工学部在学中に、人材派遣会社、テンポラリーセンター設立。九三（平成五）年、パソナに社名変更。二〇〇〇（平成一二）年、パソナ代表取締役グループ代表に就任。〇四（平成一六）年、代表兼社長に就任。

日本を代表する人材派遣会社「パソナ」。その創業者が南部靖之だ。日本におけるベンチャービジネスの先駆けであり、成功者といっていいだろう。

パソナという社名の由来を聞いたことがある。南部が尊敬し、かつ追いつきたい経営者の会社の頭文字をいただいたというのだ。「パ」はパナソニック、松下《まつした》幸《こう》之《の》助《すけ》。「ソ」はソニー、盛《もり》田《た》昭夫《あきお》と井深大《いぶかまさる》。そして、「ナ」は南部から。この話を南部に確かめると、健《すこ》やかな笑顔で答えた。

「それは冗談ですが、おっしゃるように、戦前の松下さん、戦後の盛田さんと井深さん、そして平成の南部といわれる……これが僕の夢だったんです。彼らのように、世の中を変えることを目指してきました。まだ、ぜんぜん追いついていません。ただ、総資産額も大事だけれど、影響力というのは経済力ではないと思うのです。たとえば、マザー・テレサやキング牧師。お金はないけれど、影響力は大きいでしょう。挙げればきりがない」

南部は学生の頃から、サラリーマン、つまり人に雇われる未来は考えていなかったという。

「世の中を変えてみたい、その変えるところとして人の働き方を変えてみたいと思いました。大学を卒業するとき、人に委《ゆだ》ねず、自分の人事権は僕が自分で持つ、と決めたのです」

そこには、南部が大学を卒業した頃の社会状況も影響していた。日本は第一次、第二次オイルショックに襲われ、「就職冬の時代」といわれていた。男性もだが、特に女性の就職が厳しかった。そして、やっとの思いで就職した女性も昇進差別や「肩叩き」に遭い、結婚や子育てを機に仕事を辞めざるを得ず、その後の再就職もままならない……。こうした現実を見て、南部は「働き方を変える」と決意。現在の人材派遣業経営への道を歩むことになる。

その後のパソナの影響力には大きいものがある。しかし結果、企業が正社員を減らし、「格差社会を生んだ」という批判があるのも事実だ。私は、その問題を南部にぶつけた。

「パソナが行っている派遣は女性が中心です。なかでも家庭の主婦が半分くらい。僕は、人材派遣産業そのものを作ったのは自分だという自負があります。『女性たちに働くチャンスを』というのが、三〇年前に僕が人材派遣会社を作ったときの夢でした。けれど現在、この夢が欲望に変わってしまうんじゃないかと恐れています。人間の夢は欲望に変わるものです。僕には三〇年前、夢があった、志があった。ところが、志は野心に変わるのです」

私は、何と正直な男だろうと、半ばあきれ、感嘆した。自らの「野心」「欲望」を恐れながらも隠さない。そう考える南部にとって、「ライブドア事件」は衝撃だったという。

「会社とは、働くとは何だろうと、あらためて考えました。そして、お金というもので貧しさは防げても、必ずしも幸せになるかどうかは分からないと思いました」

私は、「派遣」という働き方に問題がないとはいわない。しかし、時間や移動に制限のある人にとって、「派遣」という選択肢があることは意義があるだろう。

「人材派遣産業を生んだ」と自負する南部がいま、どう事業を展開し、どう考えているか。また聞いてみたいと強く思う。

# 役員たちによくいうんです。「錯覚してはいけない。決して君たちが部下たちより能力があるわけじゃない。部下たちより見晴らしの良い所に立っているだけなんだ」と

伊藤《いとう》 淳二《じゅんじ》（カネボウ終身名誉会長）

伊藤淳二

一九二二（大正一一）年、中国・青島《チンタオ》に生まれる。四七（昭和二二）年、慶應義塾大学経済学部卒業。鐘淵紡績《かねがふちぼうせき》（後のカネボウ）入社。六八（昭和四三）年、社長就任。その後、会長、名誉会長を経て終身名誉会長に就いた。二〇〇三（平成一五）年、勇退。

伊藤淳二。一九六八（昭和四三）年から一六年間、鐘紡（後のカネボウ）の社長を、八四（昭和五九）年からは会長を務め、「鐘紡の天皇」と呼ばれた人物だ。実際に会ってみると、その異名《いみょう》にふさわしく、堂々とした体軀《たいく》であった。しかし話し方は柔らかく、穏やか。尋常《じんじょう》ならぬシャイな人物と見て取れた。

私は、「経営者にとって一番大事なことは何か」という、直球すぎる質問を、あえて投げた。

「フィロソフィというと大げさですが、経営に対する自分の基本的な思想、それを常に忘れないこと。企業の存続目的は、いうまでもなく利益を上げることです。ただし、その目的を達成する手段が、目的と同時に大事なのです。いくら目的を達成しても手段が悪ければ何もならない。これは意外に、いうは易《やす》く、行うは難《かた》しでしてね」

その頃、リクルート事件が問題になっていたこともあり、さらに経営者の心得などを尋ねた。

「経営者は、役割が果たせれば、次の後継者に譲る。間違っても私物化してはならない」

伊藤の答えは、潔く、清々《すがすが》しかった。しかし、伊藤のような長期安定政権になると、社員が皆「イエスマン」になってしまい、意図せずとも方向を誤る恐れがあるのではないか。

「おおいにあります。ですから、経営の基本のあり方を三権分立にしたのです。取締役会、経営管理の執行責任者、監査役。チェック・アンド・バランスの経営体系です」

しかし、形は「三権分立」でも、結局、多くの人は上司におもねるものだ。

「人間というのは、耳触《みみざわ》りの良い、調子のいい言葉に甘いというか、だらしないものです。また、最初は反発しても、トップが『そんなことないだろう』というと、最後はだいたい『おっしゃるとおり』となってしまう。企業は、そこが怖いのです」

それはそうだろう。トップに楯突《たて》いたら飛ばされるから、社員は妥協するのではないか。

「そうではなく、やはりトップというのはいろいろよく知っているのです。いわば山のてっぺんにいるのですから。だから役員たちによくいうんです。『錯覚してはいけない。決して君たちが部下たちより能力があるわけじゃない。部下たちより見晴らしの良い所に立っているだけなんだ』と」。むろん、それは「自戒を込めていうのだ」と、伊藤は付け加えた。

伊藤は「天皇」らしく、どこまでも穏やかで自信に満ちていた。しかし、その伊藤にも失敗の過去があった。日本航空の再建を担って会長に就任したが、任期半ばで辞表を提出している。私は嫌がられるのを承知で、「日航ではなぜ挫折されたのか」と聞いた。

「日本航空は要するに、潰れない。絶対に潰れない企業というのは、実は企業ではなく、企業の倫理も論理も通用しないのです。努力するという雰囲気も、企業に対する忠誠心も生じない。倒産しないために懸命に努力する、そんな常識が日本航空ではまるで理解されない」

伊藤は感情を抑え込むように声を落としていった。その声の低さ、穏やかな表情と言葉の厳しさのアンバランスが、彼の憤懣《ふんまん》の激しさを示していた。

しかし、そのあと質問を変えると、憤懣の影はまたたく間に消え、伊藤は微笑していた。実に見事であった。

# 日記には、いいこと、明るいことだけを書くと決めています。どうしても後ろ向きなことや、嫌なことを書くときには、最後に「だから良くなる」と書き加える

**和田《わだ》一夫《かずお》**（ヤオハン創業者）

和田一夫

一九二九（昭和四）年、神奈川県に生まれる。日本大学在学中に共産党に入党するが、「生長の家」の信仰に触れて脱党。家業の「八百半商店」を世界的な流通・小売業に発展させた。九七（平成九）年の倒産後は、経営コンサルタントなどとして活動。二〇一九（令和元）年没。

かつて、ヤオハンというスーパーがあった。一九八〇（昭和五五）年当時のヤオハンは、国内の五二店舗すべてが静岡県内と神奈川県内に立地するというローカルチェーンだった。ところが海外では、ブラジル、シンガポール、アメリカなど一五ヵ国に出店。国内の売上高は二五位だが、海外での売上高は二億五〇〇〇万ドルと、日本の流通業界では余裕の一位だった。私が和田一夫という経営者に強い興味を抱いたのは、この事実のためである。

和田は日本大学在学中に共産党に入党、親が信者だった「生長の家」の信仰に触れて脱党したという経験を持つ。脱党の翌日から、実家である「八百半《やおはん》商店」の店頭に立ったという。五〇（昭和二五）年、ヤオハンは熱海《あたみ》の大火で店舗を焼失する危機に陥った。

「あの火事がなかったら、私は八百屋の二代目として、ただオヤジの跡を継いだだけで終わったでしょう。丸焼けになったおかげで猛然と反骨心が生まれた」

和田の話は、いつもこうして「だから良かった」で終わる。私は正直しらけた気持ちになった。そんなふうにすべて考えられるものだろうか。和田は朝、必ず日記をつけるといった。

「日記には、いいことと、明るいことだけを書くと決めています。どうしても後ろ向きなことや、嫌なことを書くときには、最後に『だから良くなる』と書き加えるのです」

それを三八年間続けているのが、和田という人物の凄みであろう。

七四（昭和四九）年、シンガポール店を開店。それはシンガポール側から持ち込まれた話であった。実はヤオハンは五番目の候補。三越、髙島屋、大丸、ダイエーがいずれも先に断ったのだ。当時の東南アジアでは、反日の空気が強かったためである。が、和田は出店を決めた。

「ヤオハンに出店を求めているのはシンガポール側です。ということは、シンガポールの人たちの役に立つということです。戦争で、多くの先輩がシンガポールで命を捨てました。それを無駄にしてはならない。シンガポールとの友好を深めなければなりません。

これまでアジアに進出した企業は、日本にばかり顔を向け、現地の人たちの金を巻き上げて帰るだけだった。これが失敗の原因です。何も難しいことはない。シンガポール出店はシンガポールの人たちのため。そのことだけを考えていれば良いのです」

その後、ヤオハンは、アメリカや香港《ホンコン》などにも出店した。和田は、「出店する場合には、とにかくどうすれば地域のためになるか、喜んでもらえるかを考えればうまくいくんです」と、またも繰り返した。

当たり前といえば当たり前である。だが、当たり前のことをやるのは容易《たやす》いことではないということを、これまでの歴史が教えてくれる。取材の終わり頃になると、私は和田の言葉をそのまま受け止められるようになっていた。

九七（平成九）年、ヤオハンは倒産に追い込まれた。一般的に見れば、和田は「失敗した経営者」かもしれない。しかし会ったときの和田を思い返すと、倒産後も、やはり和田は、あの穏やかな笑顔で「だから良かった」といっていたのではないかと思う。それが、和田一夫という男の凄さである。二〇一九（令和元）年八月、和田は九〇歳の天寿をまっとうして旅立った。

# 新入社員たちに私は「会社のために全力投球してくれ」などとはいわないのです。「どうぞ、この会社を使って人間として成長してください」ということです

**福原義春**《ふくはらよしはる》（資生堂名誉会長）

福原義春
一九三一（昭和六）年、東京都に生まれる。資生堂創業者・福原有信《ありのぶ》の孫。五三（昭和二八）年、慶應義塾大学経済学部卒業後、資生堂入社。八七（昭和六二）年、社長就任。その後、会長を経て、二〇〇一（平成一三）年から名誉会長。

一九八七（昭和六二）年、資生堂が「大ペレストロイカ」を敢行し、話題を呼んだ。大胆な在庫圧縮や販売組織の簡素化など、効率化を図った。その成果もあり、資生堂の業績は好調だ。

「いやあ、そんなに調子いいというほどではなくて、もう内憂外患、いろいろ抱えておりまして……」

「大ペレストロイカ」の仕掛け人、資生堂社長にして、創業者・福原有信《ありのぶ》の孫である福原義春は、恐縮し切った表情で首を振った。腰が低く、柔和な顔つきを崩さず、威勢よくぶち上げるタイプとは正反対。しかし、実はこういう人物のインタビューは、とてもやりにくいのだ。私は福原の趣味が蘭《らん》の栽培だという記事を思い出し、話を振ってみた。

「その表現ですが、私の気持ちとしては、ちょっと違うのですよ。申し訳ありません」

やはり、ちょっとやりづらい人物である。どの表現が、どう違うというのか。

「栽培するのではなく、いわば『蘭と一緒に生きている、共存している』という……。蘭には自分で生きて花を咲かせる力があるんです。人はそれを邪魔しない程度に助ければいいんですよ。『鳴かせてみようホトトギス』はダメなんです。大事なことは環境づくりで、風通しが良く、温度のきちんと保てる温室や環境を作ってやることです」

福原式経営は、つまり蘭栽培式経営ということか。いや、「栽培」ではないのだった……。

「ええ、その点は、蘭づくりに似ていると思います。経営者が、やれ社員教育だ、やれインセンティブだ、とやりすぎては、いい効果は生まれない。だって、入社してくる人たちはみんな自分で伸びようと、やる気も力もある人たちのはずですからね」

つまり蘭と同じように、経営者がやるべきことは、「環境づくり」だけということだ。

「はい。ですから、新入社員たちに私は『会社のために全力投球してくれ』などとはいわないのです。『どうぞ、この会社を使って人間として成長してください』ということです」

私は驚いて、「それ、本当にホンネなんですか」と聞いてしまった。

「もちろん、本当のホンネです。会社というのは人間の集合体なんだから、一人ひとりの人間が大きく成長していい仕事をすれば、集合体の成績というのは必ず上がってくるはずです」

福原の表情は、相変わらず穏やかで「ホンネ」という言葉には真実味があった。それはやはり、創業者一族としてのゆとりなのか。祖父、あるいは父から伝えられたことを聞いてみた。

「父からは、『いい間違いは聞き手の粗相、聞き間違いはいい手の粗相』だと、いわれました。いまの状況で、たとえば、田原さんがもしいい間違えたら、私の態度が悪かったのであり、私がいったことを田原さんが聞き間違えたら、私のいい方が悪かったのだということです。権限は思い切って委譲し、責任は自分が背負う。私どもは江戸の商人で、それがお店を持つ管理学みたいなものだったのでしょうね」

福原は力まず、気負わず、むしろ恥ずかし気に、はにかみながらいった。そのはにかみに、私は、伝統を背負う尋常ならぬ福原の自負と強《したた》かさをのぞき見た。

# 所期奉公、処事光明、立業貿易

鈴《すず》木《き》永《えい》二《じ》（日経連会長）

鈴木永二

一九一三（大正二）年、愛知県に生まれる。名古屋高等商業学校（現名古屋大学）、東京商科大学（現一橋大学）卒業。日本化成工業（現三菱ケミカル）入社。三菱化成工業代表取締役社長、会長を歴任。日経連会長、第三次行革審会長などを務める。九四（平成六）年没。

三菱化成相談役、鈴木永二。インタビュー当時は日経連会長、さらに海部《かいふ》俊樹《としき》内閣の第三次行革審会長という公職にあった。一企業人を超え、広く日本を見据え、その歯に衣《きぬ》着せぬ発言は、常に財界に波紋を呼んできた。マネーゲーム全盛の時代に、「財テクの時代といっても、国づくりの基本は『ものづくり』」「脱工業化社会なんて大間違い」と公言してはばからない。

その鈴木が行革審の会長になったときのことだ。「困った」と思う人も多いのではないか、と私は第一球を投じた。

「そうですかね。ハハハ」と鈴木は明るく笑った。七七歳の鈴木が、少年のような表情になる。「やはり、どうしてもやらなきゃいかんのは、土地問題だ。土地の値段を現在の半分にすることを目標に掲げる」

そして、骨抜きにされつつあった土地税制改革について怒りをぶちまけた。

「土地の問題を見れば、日本人の生活が豊かだなんてどうしたっていえない。『日本の豊かさ』はどうかと聞かれれば、日本の豊かさは、幻影というか幻だと思うよ」

そして、「政府はやることはやった、と恰好《かっこう》だけつけるかもしらんけど、これが一番悪いんだ」と憤《いきどお》った。私が、「日本は経済は一流、政治は三流なんていわれていますが……」と返すと、鈴木は少し沈黙したあと、吐き出すようにいった。

「一流じゃないよ。戦後復興したのは、安全保障などでもっぱらアメリカにおんぶされて、それに乗っかって経済が膨張してきた。実は、常に目標を与えられて走ってきたことが問題でね。戦前は富国強兵、戦後は経済復興、所得倍増……。走る先のこと、走る意味も考えずに来てしまった。そのためにいろんな問題が起き、日本は何だといわれることになる」

鈴木は強い語調でいった。では日本の経営者に欠けているものは何なのだろうか――。

「自分で考えるということ。経営道義、社会正義、こうした基本的な素養がない。西洋には哲学者の教えがある。日本の場合は、富国強兵、高度成長で突っ走ってきて、倫理の問題は二の次だった」。そして「三菱には三つの教えがあるんだが……」といって顔をしかめた。

何事かと思っていると、「その教えを僕がすぐにいえないということが、まさに日本の状況を如実《にょじつ》に示しているわけだ」と照れた。秘書に岩崎小彌太《いわさきこやた》の「三綱領」を書いた小冊子を持ってこさせると、「所期奉公、処事光明、立業貿易」と読み上げた。「まずは、公に奉じる、公益を図る。企業は公器だということ。二番目は、フェアで真摯《しんし》な態度で商売をする。不正は絶対にいかん。三番目は、貿易や国際ビジネスを通して国家的な相互理解を深める」といった。

鈴木は、自らのエネルギーをすべてぶつけるように力説した。そんな鈴木に、以前ある大物財界人を名指しで「ボスとリーダーは違う」と批判したことについて確かめたくなった。

「要するに、二、三年先のことしか考えずに、自分の属している業界や団体の既得権益を守ることだけを考えているのがボスで、一〇年、二〇年先のこと、国の先のことなども考え、ということは当然、国際的な広い見地に立って進むべき道を考える、これがリーダーです」

鈴木は、おさらいするようにさらりといって屈託なく笑った。

# 銀行は投機のための資金は貸すべきでない。これは鉄則です。いくら担保力があっても、投機のための融資はダメ。これは、いわゆる覇道です。銀行は王道を歩まなければいけません

松澤卓二《まつざわたくじ》（全国銀行協会連合会会長）

松澤卓二

一九一三（大正二）年、東京都に生まれる。東京帝国大学卒業後、安田銀行入行。四八（昭和二三）年、安田銀行が富士銀行となる。七五（昭和五〇）年、頭取就任。その後、会長、相談役を歴任。全国銀行協会連合会（後の全国銀行協会）会長、経団連副会長も務める。九七（平成九）年没。

「一九九〇年代の日本にとって最も重要なことは、経済効率至上主義や経済合理性の追求のみに偏った考え方や行動を修正することだ」

インタビューした九〇（平成二）年頃、松澤卓二は、ことあるごとにこう力説していた。九〇年当時は、いわゆるバブル経済が崩壊寸前であった。「悪玉」として、銀行をはじめとする金融機関が槍玉《やりだま》に挙げられていた。

私は、「土地や株がバブル化したのは、銀行がどんどん金を貸したから、つまり金融機関がバブルを煽《あお》ったのではないか」と問うた。

「たしかに、銀行のなかにも、企業理念の外れたところがあったのは事実です」

松澤は続けて、八五（昭和六〇）年のプラザ合意からの円高不況、公定歩合二・五パーセントという思い切った金融緩和政策など、様々な要因が「金融をジャブジャブ」にしてしまったのだと説明した。金利が安く、金余り現象になれば、銀行は苦しくなる。つまり、「政府は、大変なミスを犯した」というのだ。

「銀行が被害者だというわけですね」と、私は松澤に確認した。

「いや、銀行や金融機関も、反省しなきゃならんところはたくさんある」と、松澤は神妙な表情で答えた。その反省が「経済効率至上主義の修正」ということなのだろう。

バブル経済時代は、マネーゲームに参加しない人間は化石人類、完全な時代遅れのようにいわれた。アメリカではM＆Aが大流行し、企業が「商品化」されている。私は、企業とは、そして経営とは何なのか、経営はいかにあるべきなのか、を松澤に聞いてみたくなった。

「企業というのは、利潤追求というのが、一つの宿命的な課題なんですね。そして、利潤追求を通じて社会や公共の福祉に貢献する、これが企業理念の原点だと思います」

しかし、ホンネとタテマエがある。現に銀行は金が余れば、背に腹は替えられないと、変な人物にも金を貸してしまう……。これがホンネではないか。

「ほとんどの銀行が変なものに貸してないと思いますよ。別に高邁《こうまい》なことをいっているのではなく、魚屋さんに魚を仕入れる金を貸す、菓子屋さんに菓子を作る設備のために貸す。銀行は投機のための資金は貸すべきでない。これは鉄則です。いくら担保力があっても、投機のための融資はダメ。これは、いわゆる覇道です。銀行は王道を歩まなければいけません」

そして松澤は、金融問題から、日本の行政と経済とのあり方を語った。

「日本の場合、何か事が起こると、全部『行政よ、何をしているんだ』となる。それで行政はどうするかといえば、規制の強化です。行政指導型の経済がますます色濃くなってしまう。こんなことを繰り返したら、海外から見れば、規制だらけ、網だらけの国になってしまう。

要するに自己責任原則なんです。たとえば銀行が潰れてもいい、と。銀行を助けるようなことをしないことですね」

松澤は、九七（平成九）年逝去《せいきょ》。九八〜九九（平成一〇〜一一）年に実施された、銀行への公的資金投入を見ることはなかった。

花王は完全な自治なんです。ただし、交際費は社長の私もすべて公開です。隠し立ても階級もない、それが会社というもの。そしてこうした環境を作るのが経営というもの

丸《まる》田《た》芳《よし》郎《お》（花王社長）

丸田芳郎

一九一四（大正三）年、長野県に生まれる。三五（昭和一〇）年、桐生《きりゅう》高等工業学校（現群馬大学工学部）卒業、大日本油脂（現花王）入社。七一（昭和四六）年、社長に就任。ニベア花王の設立や化粧品事業など多角化を進める。二〇〇六（平成一八）年没。

花王社長・丸田芳郎は、一九八九（平成元）年の取材時に七五歳。エネルギッシュでたくましく、全身から放つド迫力がすさまじい。丸田花王は、成熟市場といわれる分野に惜しげもなく投資し、新製品開発に全力を挙げてきた。そして、アタック、ソフィーナ、バブなど大ヒット商品を次々に誕生させた。流行りの財テクを一切しなかったのは、社員のやる気を殺《そ》ぐことがないように、ということなのか。

「財テクは要するに僥倖《ぎょうこう》です。製造業に僥倖というのはあり得ないのですよ。道元《どうげん》禅師の『正法眼蔵《しょうぼうげんぞう》』に、『宇宙には真理というものがあって、一心不乱に努力した人間だけがそれを発見し、世の中の発展に結びついていく』とある。必要なのは努力と知恵、これですよ」

「僥倖で儲けてはダメですか」。私は念押ししてみた。「絶対にダメです」。丸田は、チェーンで首にかけていた眼鏡が盛大に揺れるほど、大きくうなずきながらいった。

「今日も新聞記者が来て、『花王の株価について取材したい』というから、ぜんぜん株価は分からん、といったのですよ。株価欄は見ますが、興味はない。私は、わが社の株価はなるべく安いほうがいいと思っているんです。奥さん方が買いやすいし、タンス貯金式にずっと持っていてくれる人もいる。わが社の場合は、そういう株主が理想的ですね」

私は、本業で勝負する、株では儲けないという丸田の徹底ぶりに感服し、いった。「財テクは関係なく、一生懸命に客のニーズをつかみシェアを伸ばし、同業他社との競争に勝つということですね」。ところが、丸田はこれもまた否定した。

「それはいけないと私はいっているのです。絶対に同業のことなど意識してはいかん。競争など考えるな、と。競争を意識するのは狡《ずる》い経営者なのです」

私はこんがらがった。競争し、シェアを伸ばそうとするのは、経営者として当然だろう。

「具体的な指示をしないで、シェアを取れ、トップになれ、がんばれといったって、現場はどうしていいか分からないですよ。ただ、がんばれなんていっているのは、無責任極まりない」

では、経営者はどうすれば良いのか。私は、丸田の頑固ぶりに少しあきれながら聞いた。

「気持ち良く仕事ができる環境づくりをすることです。昼飯をおいしくする、出張に勝手に行けるようにする。管理されるのではなく、自分で自分をコントロールする環境づくりです」

丸田は一語一語に力を込めた。何も知らずに聞けば、綺麗事と思ってしまうかもしれない。しかし、丸田の話は決して観念論ではなく、具体論なのだ。

実際に花王では、出張も自分で勝手に決めていく、交際費も自分の判断で使って良い……。

「花王は完全な自治なんです。ただし、交際費は社長の私もすべて公開です。隠し立ても階級もない、それが会社というもの。そしてこうした環境を作るのが経営というものだと、私は考えているのです」

その後、日本経済は低迷した。しかし花王という企業は変わらず、堅実な経営を守っている。それは、僥倖はいけない、競争はいけない、会社は完全な自治……と丸田が信念を持って語った「経営論」が、きっちりと根を張っているからであろう。私はそう思っている。

# 世の中が複雑になればなるほど、セールスマンの存在は重要になってくる

高木禮二《たかぎれいじ》（明光商会創業者）

高木禮二
一九二七（昭和二）年、兵庫県に生まれる。拓殖大学卒業後、闇市での販売、ナイロン靴下の修理や輸入などの商売を手掛ける。歩合制でコピー機のセールスマンを経験後、五六（昭和三一）年、明光商会を設立。二〇〇七（平成一九）年没。

経営者として成功する条件の一つは、煩わしいことを忘れる力だ。それが明るさを呼び、大きな困難をも突破するエネルギーとなる。明光商会の高木禮二もその一人だ。

「私に経営とか、企業とか、難しいことを聞いても無駄ですよ。私は、企業を作って大きくしたいとか、事業をやりたいとか考えていたわけではないのです。生活や人生を豊かにしたい、これが私の基本。単純明快です。そのために一生懸命働く」

取材したのは一九八八（昭和六三）年。高木は当時、シュレッダーのシェア八〇パーセントを占めていた明光商会の創業者である。戦後、拓殖大学在学中から、様々な商売で儲けた。大損の憂き目にも遭うが、「因果は巡るんですよ」と、あっけらかんとして、まるで暗さがない。不思議な魅力を持った人物だ。

その後、コピー機の営業を手掛ける。当時はまだ、文書や記録などを手書きで写していた。大変な労力である。高木は、コピー機は「いける」と思ったというが、実際は売れなかった。

「これまでにない商品を売るのは難しい。人間の考え方は恐ろしく保守的で、つまり『現状で間に合ってる』と思ってしまうものだと、嫌というほど感じさせられました」

「これまでにない商品」を売る難しさ――このときの苦労が、後に活かされることになる。

高木はコピー機の営業をあきらめずに続け、半年後には月収二〇万円にもなった。その成功の秘密を問うと、高木は「あきらめないこと」だと、躊躇《ちゅうちょ》なく答えた。

「あきらめずに何度も何度も通うこと。人が三回通うなら、一〇回、二〇回通う。そして説得する。それしかありません」。そして、「自分の売る商品に惚れること」だといった。

会社を設立後、売り始めたシュレッダーもまた、まるで売れなかった。さらにやっかいなのは、シュレッダーに故障が多かったこと。やっと売れても、三回、四回と故障が続くと、さすがに客も「持って帰れ」と怒る。そこで、高木は必死になって、こういいながら頭を下げた。

「すみません、機械ではなく私を買ってください。機械の足りない分は、私が補います。誠意の限りを尽くします。これでも将来のある男のつもりです。私の可能性ごと買ってください」

あっけに取られた客は取り替えをOKした。高木は、さらに六〜七回、故障するたびに取り替えたという。高木は「セールスとは、理屈や合理性を超えた熱意、誠意を示すこと」だと強くいい切った。そして、それを実行してきたのである。

とはいえ業績はなかなか伸びない。そんな時期、「産業スパイ事件」が立て続けに起きたのだ。機密保持、いまでいう「セキュリティ」に対する企業の意識が高まらざるを得なくなる。業績はまたたく間に伸びたのであった。しかし、高木は「自分はシュレッダー屋ではない」と断りを入れる。

「ヒト、モノ、カネというけれど、私はモノにもカネにもこだわらない。こだわると発想が膠《こう》着《ちゃく》化《か》してしまいます。私たちは売りにくいものを開発して、それを売るセールスマンの会社。世の中が複雑になればなるほど、セールスマンの存在は重要になってくると思うのです」

高木はそういって、「セールスマンの会社」の経営者らしく、豪快に笑った。

# いろんな経営者が自伝を書いているでしょう。表現はいろいろ違っているけれど、最大公約数はみんな一緒

千野宜時《ちのよしとき》（大和証券会長）

千野宜時

一九二三（大正一二）年、東京都に生まれる。身体が弱く、戦時中は兵役免除となった。四六（昭和二一）年、慶應義塾大学卒業、大和証券入社。副社長、副会長を経て、八二（昭和五七）年会長。日本証券業協会会長を務めた。二〇〇四（平成一六）年没。

　千野宜時。大和証券会長であるが、証券マンというより学者のような人物だ。いわゆる業界話、業界論理ではなく、分かりやすい的確な説明をしてくれる。インタビュー当時はマネーゲーム華やかなりし時代。前年（一九八六〈昭和六一〉年）は、証券会社が儲かりすぎて笑いが止まらない年だった。「今年もまた笑いが止まらなくなりそうですね」と私は千野にいった。「あなた、言葉を慎んでください。儲かりすぎとは何ですか」。そう千野は冗談めかして答えた。しかし、目は笑っていない。

　証券会社と株式市場に対し、批判も含め、様々な論があった。「製造業が円高不況なのに、証券会社だけが儲かっているのは、どこかおかしい」「日本の株価は実勢とかけ離れている」、そして「財テクは企業を滅ぼし、産業を空洞化させる」というものだ。

「アメリカの産業が空洞化したのは、ウォールストリートが力を持ち出したためだ」という論である。産業を育てるべき証券界が逆に産業をダメにする――「財テク亡国論」だ。

「アメリカの産業が空洞化したのはウォールストリートのせい、というのは完全な誤解、間違いだ。アメリカの産業がダメになったのは、いわば産業構造転換のせいで、要するにＮＩＣｓ（新興工業国）にやられたわけです」

　千野はやや気色《けしき》ばんでそう答えた。

「経済の発展する過程では、単純な産業から後発国に移転していく。これはごく自然なことで、現にイギリスやドイツなども、当時のＮＩＣｓだった日本にどんどん譲っている」

つまりアメリカは空洞化しているのではなく、移転のために産業構造の転換が起きている過程だったということか。私は確かめた。すると千野は、念を押すようにいった。

「そうです。プロセス。日本でも起きるでしょうし、それは断っておきますが、マネーゲームのためではないですよ」

日本もまた産業構造の転換を余儀なくされるのなら、経営者に求められるものは何だろうか、何が最も大事か。千野に尋ねると「やはり先見性でしょう」という答えが返ってきた。

しかし、それが難しいのではないか。どうすれば持てるのか。

「産業構造は、基本的には常に転換するのであって、要はその状況を見ながら、いかにスムーズに転換させていくかが肝要なわけです。そこを見抜くのが経営者であり、先見性だ」

だから、その先見性は、どこを、何を見ればいいのですか——。抽象的な答えに、私はまるで千野が受け持つヤンチャな生徒であるかのように返してしまった。

「いろんな経営者が自伝を書いているでしょう。その中身……表現はいろいろ違っているけれど、最大公約数はみんな一緒なんですね。突き詰めると、剣術でいえば、柳生《やぎゅう》流でも、馬庭《まにわ》念《ねん》流でも、各派いろいろあるけれども、最大公約数は必ず刀の柄《つか》を握っている。刀身のほうを握る流派はない」——こう千野がいうのは、その「最大公約数」をつかめということだ。

いまも「先見性」をどうしたら持てるかなど分からない。しかし、現在までに数え切れないほど多くの経営者に会い、「最大公約数」ということが、やっと分かってきた気がしている。

# 権力や行政というのはドメスティックなもので、国際都市・東京とは相容れなくなっている。その中央にドメスティックな存在が居座って、ドメスティックな規制や抑制策をかけようとしたって、意味がない

坪井《つぼい》東《はじめ》（三井不動産会長）

坪井東

一九一五（大正四）年、千葉県に生まれる。三八（昭和一三）年、東京商科大学（現一橋大学）を卒業。七四（昭和四九）年、三井不動産社長、八七（昭和六二）年、会長就任。不動産協会理事長なども務める。九六（平成八）年没。

坪井東にインタビューしたのは、日本がバブルに沸く一九八七（昭和六二）年のことだった。当時、東京の土地高騰はすさまじく、このような現象をどう考えているか、と問うた。

「いやあ、これは困ったことですよ」と、坪井は返した。「一つは、日本の経済力の猛烈な成長。それから政治、経済、教育、マスコミと、あらゆる機能が東京に集中しているためです」。しかし、「東京集中型」は、いまに始まったことではない。なぜ突然、高騰したのか。

「オフィスビル不足という要素などもありますが、そこに、投資的、投機的、あるいは転がし的な要素が入ってきている。そうしたマネーゲーム的要素が無茶苦茶にエスカレートさせた、といっていいでしょう。ニーズだけなら、こんなにバカげた値段にはなりませんよ」

坪井は、私の問いをはぐらかす、ごまかすということが、まるでない。まことに歯切れが良い。歯切れが良すぎて、逆にこちらがドキリとさせられる。

では東京の地価対策をどうすればいいかと問うと、「どうしようもないね」と、とたんに投げやりになった。

「坪井さんがそんなことをいっちゃ困る。日本の不動産のリーディングカンパニーの総司令官なんだから」。思わず私がそう強くいうと、坪井は表情をギュッと引き締めた。

「政府が現在やろうとしていることは、規制を強めること、抑制策なんです。これは逆で、抑制策ではなく、供給を増やすことなんです。農地の宅地並み課税などを行い、いろいろな規制や制限をどんどん削る。自由化する。容積率をアップする」

　そして、坪井は抜本的な解決策を挙げた。それは「遷都《せんと》」であった。

「要するに、機能分化を図ることです。首都機能、政治、行政の中枢を移せば良いのです。東京一極集中は、地価の問題だけでなく、災害が起きたときのダメージがあまりにも大きい」

　しかし、政府、行政は、真ん中に居座っている。自分たちが東京にいないと東京は衰退する、いや日本は衰退すると思い込んでいるのではないか。

「冗談じゃないですよ。安心して出ていってください。いないほうがはるかにいい」と、坪井は豪快に笑った。

「東京という都市は、既に権力とか行政とかの枠をはみ出して、自己増殖、国際化し始めている。対して、権力や行政というのはドメスティックなもので、国際都市・東京とは相容《あい》れなくなっている。その中央にドメスティックな存在が居座って、ドメスティックな規制や抑制策をかけようとしたって、意味がない」

　そして、これからの地方都市の発展例として札幌を挙げた。

「昔は、産業があるところに人間が集まり、消費が生まれた。これからは、人が集まり消費があれば、そこに需要が生まれて、その需要に応えるために産業が生まれる。これこそが地域の活性化や発展の形であり、札幌はまさにその象徴だと、僕は見ているのです」

　その後バブルが弾け、二一世紀となり、はや二〇年。遷都論はたびたび浮上しながら実現せず、いまだ都市と地方の問題は解決しない。坪井の言葉には多くの示唆《しさ》が含まれている。

# 日本では、企業を運命共同体としてやってきた。しかし、働いている従業員たちが、一人ひとり、自分の生活を本当にきちんと持つような、意識変換、生き方自体の変革が必要だ

**平岩外四《ひらいわがいし》**（東京電力社長）

平岩外四
一九一四（大正三）年、愛知県に生まれる。三九（昭和一四）年、東京帝国大学卒業、東京電燈（現東京電力）入社。七六（昭和五一）年、社長に就任。八四（昭和五九）年、会長に就任。九〇（平成二）年〜九四（平成六）年、経団連会長を務める。二〇〇七（平成一九）年没。

経団連会長を務めた平岩外四には有名な伝説がある。東京電力社長だった木川田《きかわだ》一隆《かずたか》との「アレ・コレ問答」だ。

木川田からお呼びがかかって顔を出すと、「平岩君、アレはどうなったか」と問われる。平岩は常に木川田から多くの難問を課されており、そんなときは的確に「アレ」を読み取って、「それはこうなっています、コレです」と、難問処理の処方箋《しょほうせん》を示さねばならないというものだ。もちろん木川田は、平岩を買っているからこそ、徹底的にしごいたのである。

木川田のシゴキに合格し、平岩は東電社長となった。一九九一（平成三）年にインタビューした際、「師匠」木川田から受け継いだものは何か、とまず平岩に問うた。

「一つは企業の主体性です。自分のことは自分で方針を決めておくということ。それから常に『社会的経営』といっていました。あくまで社会があって企業があるのだという発想です。企業優先であってはならない、社会優先なのだ、と口癖のようにいっていました」

理想は分かるが、企業の利潤追求と社会貢献というのは矛盾《むじゅん》するのではないか……。

「いや、何のために利潤を追求しているのかということをよく考えれば、矛盾はしないと思います。利潤を追求し、企業を存続させるのは、やはり社会に貢献するためではないですか」

しかし、いままでの日本的経営というのは、企業がいわば運命共同体。企業が社会そのものだったではないか、と私はなおも食い下がった。

「運命共同体だから、一つの目標に向かって一緒に突進して、それが集中豪雨的になったりして非難を浴びているわけでしょう。私はフィランソロピーだ、メセナだと、企業が特別にやるのではなく、自然に企業の、働く人々の意識のなかに組み込まれ、やるのが当たり前……特別のことではなく当たり前のこと。そうならなきゃダメだと思うんです」

そして平岩は、これまでの日本は「産業立国だった」と語った。

「産業立国でずっとやってきて、だから企業が、経済がここまで伸びたといえるでしょう。しかし、その官民一体、見えざる庇護のシステムが、もう国際社会では通用しない。その認識をきちんと持たないと、取り返しのつかないことになる。いまが、とても重大な転機だと思います」

では経団連会長として、これからは「何立国」で行くのか。そう聞くと平岩は、「生活立国、生活者立国ですかね、やっぱり」と、慎重な口調で答えた。

そして平岩は、突然、東電の支店長会議に会社のバッジを着けないで出た話を始めた。

「なぜ会長はバッジを着けないのかと聞かれたので、『着けない者がいてもいいじゃないか。全員が全員バッジを着けているほうが気持ち悪い、不気味じゃないか』といったのです」

興味深い話だが、唐突すぎた。私はまた、その解説を平岩に求めねばならなかった。

「日本では、企業を運命共同体としてやってきた。しかし、そこが問題なのであって、働いている従業員たちが、一人ひとり、自分の生活を本当にきちんと持つような、意識変換、生き方自体の変革が必要だ。そこから始めなきゃいかんのだと思います」

# 私が教育ママ的に四〇年間やってきて、あまりに社員に教えすぎた。もっと放任しておいたら良かったんですね

中内《なかうち》功《いさお》（ダイエー創業者）

中内功
一九二二（大正一一）年、大阪府に生まれる。四一（昭和一六）年、兵庫県立神戸高等商業学校（現兵庫県立大学）卒業。四三（昭和一八）年に召集され戦後復員、実家の薬局を手伝う。五七（昭和三二）年、「主婦の店ダイエー」出店。二〇〇五（平成一七）年没。

「終戦後フィリピンから帰ってきて、親父の商売を継いで薬屋を始めてね。日本の生活者が生活必需品だけは心配しなくて済む社会の仕組みを作りたいと考えたんです。それには流通だ、流通革命をやろうと、この仕事を始めた。初めの社名が『主婦の店ダイエー』です」

中内功は、創業以来ずっと君臨していたダイエー社長の座を降りた一九九九（平成一一）年、私にこう語った。業績悪化がそのきっかけであり、中内はいわば「敗軍の将」だ。

「だから、そもそもが商売人じゃない。ある意味で、理念ばっかりをいってましたから」

バブル崩壊、阪神・淡路大震災、方針転換の遅れ……中内は様々な敗因を挙げたが、最も私の心に残ったのは、この意外な言葉だった。「商売人じゃない」――中内ほどの経営者が、こういうのである。

「まず理念ありき」だったということか、と確かめた。

「はい。うちの欠点はそこですね。理論倒れになる。『こうあるべきだ』という『あるべき論』が先行して、現場を見るのを忘れた」

しかし中内は現場を見て歩くのが好きで、社員が戸惑ったと聞いたことがある。

「いや、ただその地域のお客さんに喜んで買い物してもらっているかどうかを聞いておっただけで。私は細かいことはいいません」

中内は流通の近代化を図ろうと、流通科学大学という大学まで設立している。つまり「商売人」ではなく「革命家」だったということか、と聞くと肯定した。

「要するに商売人は金儲けがうまい。われわれは金儲けが下手だった」

どう下手だったのか。中内があまりに偉すぎ、社員が「ヒラメ社員」になってしまったためではないか。つまり、社員が客ではなく「上」ばかりを見てしまった……。

「世間ではそういわれていますが、私はそうは思いません。ただ、社員に考える力がなくなったというのは、認めざるを得ない。

それは、私が教育ママ的に四〇年間やってきて、あまりに社員に教えすぎた。もっと放任しておいたら良かったんですね」

中内は反省の弁を述べながらも、決して投げやりにはなっていなかった。

「私は、まだこれから、流通革命をやらんといかんと思っています。それを成し終えるまでは死んでも死に切れない」

しかし、中内が目指すダイエーはもう、できあがったのではないか。

「できてませんね、ぜんぜん。できれば生涯現役でやるべきだ、と。普通の商売じゃないですから。創業の理念を具現化していきたい」

ダイエーは日本一のスーパーマーケットになったではないか。では、中内にとっての「成功」とは何なのか。すると驚くべき言葉が返ってきた。

「やっぱりね、日本の物価がいまの半分にならないと」

中内功は、やはり偉大な「革命家」だった。いま、あらためて思う。

# 日本はアメリカと違います。日本は、一緒に汗をかいた人なら結果が悪くても救ってあげる国でなくてはいけない

新浪剛史《にいなみたけし》（サントリーホールディングス社長）

新浪剛史

一九五九（昭和三四）年、神奈川県に生まれる。八一（昭和五六）年、慶應義塾大学経済学部卒業後、三菱商事に入社。九一（平成三）年ハーバード・ビジネス・スクール修了。二〇〇二（平成一四）年、ローソン社長。一四（平成二六）年、サントリーホールディングス社長。

三菱商事のエリートサラリーマンだった新浪剛史が、ローソンの社長に就任したのは二〇〇二（平成一四）年のことだ。疲弊《ひへい》したローソンに、株主である三菱商事が送り込んだ改革者。それが新浪である。財務状態はボロボロ、社員に覇気がない……こんな惨状からローソンを脱出させたのは、「おにぎり」だった。

新浪は母に「ローソンの社長になる」と告げると、こういわれたという。

「弁当もまずく、店も汚い、あんなコンビニチェーンの社長になるのは、やめて」

なるほど、弁当がまずいというなら、まずは日本一おいしいおにぎりを作ってみよう。新浪は、あえて開発経験のない社員を集め、プロジェクトを立ち上げた。具材と米を吟味《ぎんみ》し、人の手で握ったようなふんわり感を出すために、機械も一から開発。完成したのが「おにぎり屋」である。標準的なおにぎりより五割ほど高かったが、爆発的に売れた。

この成功が社員に誇りをもたらし、店舗に活気が戻った。

「あの成功がなければ、僕は社長じゃなかったと思います」と新浪は語った。

「ローソン改革」に成功した新浪は、日本の改革にも駆り出された。一三（平成二五）年、内閣官房産業競争力会議のメンバーだった新浪に、私は一企業の経営だけでなく、日本経済や働き方……様々な話を聞いた。当時、いわゆる「アベノミクス」で育児休業三年間実施が挙がっていたが、ローソンは一九九二（平成四）年から社員の育児休業三年間を実施していた。しかし新浪は、社長着任後、ある問題に気づいたという。

「育休を取得した社員の多くが復帰に躊躇《ちゅうちょ》していました。ビジネスの現場から一度離れると、気持ちとして復帰しづらい。そこでスーパーなどでの買い物レポートを出してもらうことにしたのです。育休中も『凧《たこ》の糸が切れずに』会社とつながりを持ってもらうのです」

さらに、復帰した社員たちを集めたセクションを作った。流通業にとって、「フレッシュな市場の感性を持つプロのお母さん」は貴重な人材なのだ。

「ものを作ったら、どうしても『これを売らなければ』という発想になりがちです。育児休業は、売る側から買う側に意識を変えられる、いいタイミングです」

とにかく現場を、社員を大事にする新浪ならではの施策である。その新浪に聞いてみたいことがあった。当時、産業競争力会議で、新浪は「新自由主義を強調している」といわれていたのだ。それは本当か、と確かめた。

「私の基本にあるのは、『一生懸命やる人たちは救うべきだ』ということです。そして、一生懸命やって失敗した人は再起できるようにサポートしてあげるべきです。逆にいえば、何もしないでのんびり人を頼ってばかりいる人は、最低限のサポートでいい」

そして、「私は、新自由主義のすべてに、もろ手を挙げて賛成していません」と付け加えた。負けた人間をどうするのかという点で、新浪は「新自由主義とは違う」と語った。

「日本はアメリカと違います。日本は、一緒に汗をかいた人なら結果が悪くても救ってあげる国でなくてはいけないのではないでしょうか。これはとても重要な点です」

# 第四章

# 逆境エネルギー型

# みんなが私に期待したのは、結果だけです。再建のやり方ではない。やり方はいくつもありますが、結果は一つです

**カルロス・ゴーン**（日産自動車最高執行責任者）

カルロス・ゴーン

一九五四（昭和二九）年、ブラジルに生まれる。両親はレバノン人。七八（昭和五三）年、ミシュランに入社。九六（平成八）年、ルノーの上席副社長に就任。九九（平成一一）年、日産自動車の最高執行責任者となる。二〇一八（平成三〇）年、金融商品取引法違反の容疑で逮捕。

日産自動車という会社は、バブルが弾けて以後、日本のダメ企業の象徴だった。私は何度も社長や社員を取材したが、「これはダメだ」と思うことがしばしばあった。

たとえば、若手社員たちは「ユーザーと同世代の自分たちに発言権がまったくない」とこぼす、社内に派閥ができている……。さらに、一九九九（平成一一）年、当時の社長だった塙《はなわ》義一《よしかず》が、自社についてこう語った。

「業績が悪くても誰も自分の責任だと思わない。私はこれを『他責の文化』といっています」

カルロス・ゴーンが、日産再建のためにルノーからやってきたのは、四五歳のときだった。ゴーンは、まず日産に決定的に欠けているのはビジョンだと看破《かんぱ》した。一年後に黒字化、二年後に成長回復と、明確に目標を定めた。そのために、国内工場閉鎖、下請け会社と社員とディーラーを削減……大規模なリストラや人員削減を断行した。

こうして就任後四年間で、負債二兆一〇〇〇億円を完済。日産は、倒産寸前から奇跡の復活を果したのである。私はゴーンに、なぜ復活できたのか、直接、聞いた。

「理由は二つあります。一つは目標をはっきりさせたこと。しかし、言葉だけでは誰も信用しないのは当たり前です。いま、その結果が出たわけです。二つ目は、社員に働く動機付け、モチベーションを持たせたこと。彼らが私のプランを理解し、受け入れ、参加してくれたこと——つまり、日産の社員たちが運命をともにしてくれ、彼ら自身が働いてくれたことです」

しかし、大リストラを敢行したとき、社内でも「ドライで人情がない」という声が多かった。ドライになりながら、なぜ同時に、社員たちにやる気を起こさせることができたのか。

「経営者とは自分の感情を抑えるべきだ、と私は考えています。私の仕事はいつも、会社を客観的に見て動かしていくことです。みんなが私に期待したのは、結果だけです。再建のやり方ではない。やり方はいくつもありますが、結果は一つです。感情は二次的なものであって、大事なのは結果なのです」

実は、ゴーンはドライというだけではなかった。派閥を解体し、若い社員たちに「どんなクルマを作りたいか」と直接、語りかけた。日産の誇りだった「フェアレディZ」を復活させ、社員の心を躍らせた。ゴーンが送り込んだ風が、社内の空気を変えたのだ。

ゴーンは、日産の不振の原因を、過当競争や不況などではなく、内部にあるとした。

「私がいつもいっているのは、日産の敵は日産だということです。漫然としている、危機感がない、いつも失敗の口実を探す……これが日産の一番の敵です。外部での競争ではない。そしてこれは、どの企業にも当てはまることです」

ゴーンが成し遂げた最大の改革は、前社長が認めていた「他責の文化」を、「自責の文化」に変えたことであろう。

このインタビューから一五年後の二〇一八（平成三〇）年、ゴーンが逮捕されるとは夢にも思わなかった。当時、語っていた自身の言葉を、いまの彼に伝えたとしたら、何を思うだろうか。

# お客様は神様だ。神様の要求は、それがどんな過酷なものであれ、応じるべきだ

樋《ひ》口《ぐち》廣《ひろ》太《た》郎《ろう》（アサヒビール社長）

樋口廣太郎

一九二六（大正一五）年、京都府に生まれる。京都大学経済学部卒業。住友銀行（現三井住友銀行）副頭取を経て、八六（昭和六一）年三月アサヒビール社長に就任。多くの役員の反対を押し切り、アサヒスーパードライの開発を進め、大ヒットに導く。二〇一二（平成二四）年没。

樋口廣太郎がアサヒビール社長に就任したのは一九八六（昭和六一）年三月。このときアサヒのシェアは九・六パーセント、史上最悪であった。ところが樋口は、わずか二年半で、二二パーセントへとV字回復させた。その秘訣を私は率直に聞いた。

「私は住友銀行の出身で、ビール業界のことは何も知らない素人なんです。運がいいんだ」

樋口は謙遜《けんそん》した。しかしその後、苦笑しながら、こういったのだった。

「商売の本質は、当たり前のことを当たり前にやればいいんだ。その当たり前のことが意外にできていないのです」

私はすかさず、「当たり前のことの何から手を付けたのか」と聞いた。

「厚かましくも、キリンビールを訪ねて、会長と社長に『ビール会社の経営にとって何が一番大事ですか』と聞きました。すると答えは、口をそろえて『品質第一』でした」

ライバル会社のトップに経営の肝《きも》を聞くという、びっくりするようなことを、樋口は歌うようにいった。さらに彼はサッポロビールの社長にも尋ねたという。

「すると、大事なのは『フレッシュローテーションだ』といわれました」

ビールは古くなると変質し、まずくなる。売れないから古くなってしまう。そしてまずくなり、ますます売れない。完全な悪循環だ。

そこで樋口がまずしたことは、製造から三ヵ月以上経った一八億円分ものビールを捨てることだった。まずいビールを一掃し、いよいよ旨いビールへの挑戦となる。五〇〇〇人を対象に調査してニーズを探ると、多かったのは「コクのある」「キレのいい」ビールだった。樋口がそのとおり技術陣に注文すると、「だから素人は困る。コクとキレは二律背反であり、無理だ」と笑われた。しかし、樋口はひるまず厳命した。

「お客様は神様だ。神様の要求は、それがどんな過酷なものであれ、応じるべきだ」

開発チームはがむしゃらになり、新たな酵母を発見。コクがあってキレがある画期的なビールが誕生した。このビールによって、アサヒビールは、一年でシェアを二桁に戻す。

さらに、この市場調査には重要なニーズが隠されていた。「辛口・ドライ」なビールという注文だ。当初、役員たちの多くは反対したが、先のビールで成功した若い社員たちの心には、商品開発への火が点いていた。六ヵ月後「辛口・ドライ」なビールが生まれたのだった。

「旨い、と思った。しかしぼくは素人ですから、本当に行けるか分からない。技術や営業担当も皆驚き、『旨い』といった。そこで、これは行けると思ったのです」

それこそが「アサヒスーパードライ」。驚異的な大ヒットとなり、業績をV字回復させた。

「ビール業界は『旨いビールを作る』といいながら、実はいままで『旨いビール』とはどんなものか、真剣に考えていなかった。アサヒビールの業績が回復したのは、何よりお客様のニーズ、感触をつかもうとしたことにあります」――樋口は念を押すようにいった。

樋口は素人だったからこそ、「旨いビールとは何か」という原点に立ち戻り、消費者のニーズに目を向けた。まさしく「当たり前のことを当たり前にちゃんとやった」のである。

# 「社長を死なせる」というアイデアを考えつき、まず自分の死亡通知を出しました

三澤《みさわ》千代治《ちよじ》（ミサワホーム創業者）

三澤千代治

一九三八（昭和一三）年、新潟県に生まれる。若い頃に結核に侵され、日本大学理工学部時代に吐血、死線をさまよう。病院で天井ばかり見ているうちに「柱や梁《はり》は何のためにあるのか」という疑問が生じ、壁と壁を接着剤で貼り付ける独自の工法、「木質パネル接着工法」を開発する。

三澤千代治という男。見たところ、やせて背が低く、なんとも弱々しい。ソファに深く、というよりも、ぐったりと体を埋《うず》めている。顔も疲れ切って、気力喪失といったところだ。

一九六七（昭和四二）年、三澤はミサワホームを創業。急成長を遂げ、わずか四年で東証第二部に上場を果たした。上場企業の代表取締役として当時最年少の、三三歳のことであった。辣腕《らつわん》経営者のイメージとはほど遠い印象に、私はとまどった。

しかし話が盛り上がると、三澤の表情が、だんだん生気を帯びてくる。しゃべり方もジェスチャーも、大きくなった。

「人間、肝心《かんじん》の自分のことは分からない。『うちの会社には存在理由があるのだろう』と、何となく思って安心している。これがアブナイのですよ」

そして三澤は唐突に、「カマス」の話を始めた。魚のカマスである。

「カマスというのは獰猛《どうもう》な魚で、水槽に入れておくと小魚をどんどん食べる。そこで水槽をガラス板で二つに仕切って、片方にカマス、片方に小魚を入れる。カマスは小魚を襲おうとしますが、何度やってもガラス板に遮られ、はね返される。やがて小魚を襲うことをあきらめてしまう。その後、仕切りを外しても、小魚を襲わなくなってしまうのです」

三澤は相変わらず弱々しい視線を送ってくる。ただ目は、私を値踏みするようでもあった。

「経営者、いや社員も、ともすれば『ガラス後遺症のカマス』になってしまう。第一次オイルショックで不景気になり、私たちは、どうせ売れないと首をすくめて耐えた。ところが景気が回復しても住宅産業は良くなりません。おかしいと思って調べたところ分かりました。

実はちょうどこの時期、客のニーズが量より質に変わっていた。それなのに相変わらず、われわれは『売れないのはオイルショックのせいだ』と思っていたのです。私たちは、ガラス板に頭をぶつけたカマスになっていたのです」

なるほど、ニーズの変化に気づかず、相も変わらず「景気が悪いせい」にしていたということか。いまだ「ガラスの仕切り」があると思い込む、カマスのように——。

さらに三澤は、これまで「二度死んでいる」といい出した。いったいどういうことか。

「『社長を死なせる』というアイデアを考えつき、まず自分の死亡通知を出しました。次に二代目社長を襲名。役員や社員たちに、前社長の批判や悪口をいってもらう。なかには本当に社長が代わったと思い、悪口をばんばんいう人もいます。これがおおいに効果があるのです」

三澤は要するに、社長死亡という大鯰《おおなまず》をぶち込んで、社内外を大きく掻《か》き回したのだ。

おかげでミサワホームは生まれ変わった。人間は一度味をしめると、すぐに同じ手を使いたくなる。八〇(昭和五五)年に三澤は「二度目の死」を遂げる。またも社内を一新したわけだ。

「したがって現在の社長は、『三代目』ということになります」

三澤はさらりといった。あらゆる手段を使って、会社に刺激を与える。三澤の話を聞きながら、私はあらためて、彼が疲れ切って気力喪失然とした表情を浮かべ、弱々しくふるまうことに合点《がてん》がいった。その弱々しい言動にこそ、三澤の強《したた》かさがあったのだ。

# 私たちのやり方はハンターよりファーマー。狩ったら終わりじゃなく、ファーマーは、すぐに商売に結びつかないところにも地道に種をまいて育てるわけです

坂根《さかね》正弘《まさひろ》（コマツ社長）

坂根正弘

一九四一（昭和一六）年、広島県に生まれる。六三（昭和三八）年、大阪市立大学工学部卒業、小松製作所（コマツ）入社。二〇〇一（平成一三）年、代表取締役社長に就任。取締役会長を経て一三（平成二五）年、相談役。現在、顧問。経団連副会長なども歴任。

坂根正弘。コマツ社長に就任後初の決算で八〇〇億円の赤字を計上するも、翌年には見事V字回復。同社を日本有数のグローバル企業に育て上げた。

「辣腕《らつわん》」という言葉が似合わない穏やかな表情の坂根に、まずは就任直後のピンチをどう乗り切ったのか、と問うた。

「ライバルのアメリカ企業の収支と比較してみたのです。すると、わが社は固定費が二四パーセント、ライバルは一八パーセント。この六パーセントの差が、そのまま営業利益の差になっていたのです。なぜ固定費が高いかといえば、多角化という名目で、いろんな事業に手を出していたことと、ホワイトカラーの無駄です」

ホワイトカラーの無駄とは、具体的にどういうことか。

「日本人は細かく仕事をすればするほどいいと考える傾向があり、たとえば人事や経理のＩＴシステムも自前で作ろうとします。一方、アメリカの企業は、既成のシステムを使う。社会全体で考えると、人材の流動性が容易になるなど、その差は非常に大きいものがあるのです」

さらに坂根は大鉈《おおなた》を振るう。「世界一位か二位になれそうな商品や事業以外はやめる」と宣言して整理。子会社三〇〇社を二年間で統廃合し、一九〇社にまで減らした。当然、雇用にも手を付けることになった。希望退職と転籍で二八〇〇人、国内社員の約一五パーセント減だ。

「もう二度とこういうことをしなくていいように、一回だけやらせてほしいということで、踏み切りました」

坂根は、やや苦し気な表情を浮かべていった。

そして、グローバル戦略である。日本企業の中国進出がなかなか成功しないなか、コマツはうまくいっている。どこにその秘訣があるのか。

「一つは当社の歴史です。私が入社した一九六〇年代から中国とビジネスを始めていましたから、現地の人との信頼関係も大きい。中国のバブルが弾けたときも、レイオフをしないでがんばってきました。その間、品質管理や安全管理の教育をしっかりすればいい、と」

不景気でも現地の社員を解雇せず、しかも「現地のトップは中国人だ」と聞いて、私は正直、驚いた。ほとんどの企業は、日本人をトップに据えて、現地の人を管理している。

「長年の海外展開の経験から、ローカルの人をトップに据え、日本人は補佐役に徹したほうがいいという結論に達したのです。中国に限らず、世界の大拠点一一ヵ所のうち九ヵ所のトップは、現地の方です。もちろん権限を移譲するには、われわれが大事にしている価値観を共有してもらわねばいけません。能力が少々高いことよりも、価値観を共有できているほうがいい」

コマツには時間はかかっても「信頼関係を築く」という大前提があるからこそ、世界の国々で成功を収められたということか。すると坂根は、たいへん分かりやすい説明をしてくれた。

「私たちのやり方はハンターよりファーマー。狩ったら終わりじゃなく、ファーマーは、すぐに商売に結びつかないところにも地道に種をまいて育てるわけです」

控えめだが誇らしげな坂根の笑顔は、まさに実直なファーマーそのものであった。

# お客さんはパフォーマンスに対してではなく、コミュニケーションで生まれるある種の「絆」にお金を払ってくれている

前田《まえだ》裕二《ゆうじ》（ＳＨＯＷＲＯＯＭ社長）

前田裕二

一九八七（昭和六二）年、東京都に生まれる。二〇一〇（平成二二）年、早稲田大学政治経済学部を卒業し、ＵＢＳ証券に入社。一三（平成二五）年、ＤｅＮＡに入社。一五（平成二七）年、ＳＨＯＷＲＯＯＭ社長に就任。作家やコメンテーターとしても活動。

ライブ動画配信サービス「ＳＨＯＷＲＯＯＭ」社長・前田裕二。三三歳、スマートな容姿、柔らかな物腰。絵に描いたような「ＩＴ社長」――誰もがそう思うだろう。だが、その印象からは想像できない壮絶な生い立ちを、前田は語る。

物心ついたときから父はおらず、八歳で母を亡くした。一〇歳上の兄とともに親戚に引き取られ、アルバイトをしながら高校を卒業。苦労をかけた兄を喜ばせるのがモチベーションの一つだったという前田は、「頭のいい大学に行けば兄貴の自慢になるかな」と早稲田大学を受験し、見事合格。卒業後に入社したＵＢＳ証券では毎朝四時半に出社し、がむしゃらに働いた。

なぜ、そこまでできたのか。

「僕は両親がいなかったし、貧乏で塾にも行けなかった。でも、自分の身に降りかかったことは、決して不幸ではなく、高みに上るために必要なことだったと思いたい。逆にいうと、過去のネガティブな環境要因を正当化するためには、何としても高みに上らなくてはいけなかった。それは、いまでも僕の軸になっています」

その成果が認められ、ニューヨーク支店勤務となるが、二五歳のときに退職。ＤｅＮＡに入社し、新規事業としてＳＨＯＷＲＯＯＭを立ち上げる。そして二〇一五（平成二七）年に独立した。

ＳＨＯＷＲＯＯＭは、音楽やお笑いなどを演者が配信し、ユーザーがそれを視聴する「仮想ライブ空間」だ。実は、その原点は、幼い頃の体験にあると、前田は語る。小学生の前田は

「とにかく自分でお金を稼ぎたい」と考えたが、子どもに働く場はなかった。

「歌を歌えば堂々とお金をもらえるんじゃないかと思って、葛飾《かつしか》の路上に立ち始めました」

親戚からギターをもらったことがきっかけだった。学校が終わってから、通勤客が帰ってくる時間帯に合わせて、毎日三〜四時間、路上で弾き語りをする。ヒット曲を歌い、お金をもらっているうちに、前田はあることに気づいたという。

「お客さんはパフォーマンスに対してではなく、コミュニケーションで生まれるある種の『絆』にお金を払ってくれているということ」である。

それは、まさに客商売の本質かもしれない。小学生ながらその本質に気づいた、前田の洞察力に、私は唸《うな》った。そして、「人は『絆』にお金を払う」というその真理が、現在の事業に結び付いた。SHOWROOMのユーザーは、気に入った演者に対して「ギフト」と呼ばれるオンライン課金ができる。つまり「オンライン版路上ライブ」といってもいい。

「女の子の歌がうまいからではなく、人と人との絆があるから『ギフト』を飛ばす。半分以上、直感でしたが、これは凄いビジネスになると思いました」

直感は当たった。二〇一九年現在、会員登録者数は約三三〇万人に達した。今後、事業を伸ばすうえで、社員を増やしていくだろう。どういう人を選ぶのか、と前田に聞いた。

「大事なのは、優しさがあるかどうか。他者への想像力がある人と一緒に仕事をしたい」

その言葉には、逆境に打ち勝ってきた人間だからこその実感があった。

# 日本人の場合、会社の命運と自分を一緒にしちゃう。それは悲劇ですよ

幸島武《こうじまたけし》（西洋フードシステムズ社長）

幸島武
一九五四（昭和二九）年、東京都に生まれる。中学校卒業後、吉野家でアルバイトとして働き社員となる。七九（昭和五四）年、南カリフォルニア大学経営学部卒業。ヨシノヤウエストインク社長、吉野家ディー・アンド・シー副社長を経て、西洋フードシステムズ（現西洋フード・コンパスグループ）社長を務めた。

幸島武。一九九四（平成六）年の取材当時、四〇歳にして吉野家ディー・アンド・シー副社長を務めていた。幸島の人生は、一言でいえば、波瀾万丈《はらんばんじょう》といっていいだろう。

父親の事業が失敗、吉野家でアルバイトをしながら、定時制高校に通った。高校在学中に正社員になり、会社の留学制度第一号として南カリフォルニア大学に留学。アルバイトを始めたときには三店舗だった吉野家が、帰国時には二〇〇店舗を超えていた。

「戻ってきたら、まったくの浦島太郎でした。もう立派な外食産業になっていたのです」

大学卒業後、幸島はヨシノヤウエストインクの社長となる。アルバイトから社長へ……夢のような出世物語だ。ところが、八〇（昭和五五）年、吉野家が会社更生法の適用を受けた。幸島は、遠くアメリカの地で、会社再建に奮闘することになる。幸島の作戦は、「ＹＯＳＨＩＮＯＹＡ」を、徹底的に「現地化」させることだった。

「牛丼の他に、必要ならチキンや野菜サラダ、クラムチャウダーも提供する……。アメリカ人は、飲食店の使い方が実態に即している。払うお金の価値と、店の使い勝手が一緒になっていないと満足しない。ものすごくシビアなんですね」

幸島自身が実質的に事業再建の陣頭指揮を執ったアメリカでの体験は、幸島にとって「自分のもの」になった。外食産業の基本である人材面についてもそうだ。

「正社員にせよ、アルバイトにせよ、僕は彼らに仕事や企業に対するロイヤリティ（忠誠心）を期待しちゃいけないと思っているんですよ。問題はむしろ、企業が彼らに対してどれだけロイヤリティを持っているかということなんです。給料を払って教育をして仕事をしてもらう。なおかつ、保養所を使えるとか、独立への手助けとか、さらなるベネフィットを提示して、初めて帰属意識が高まってくるんです」

つまり、企業側が常にロイヤリティをオファーしていないと、従業員は付いてこないということだ。幸島の考えは非常にドライでクリアに感じられた。その発想のもとはどこにあるのか。

「家が商売をしていたのは大きいですね。父が知人の保証人になり、差し押さえの赤紙が貼られたときは、小学生なりに怖かったですよ。でも父は『命までは取られやしない』といってくれた。

だから吉野家が会社更生法を申請したときも、自分と会社は別物だ、ここでベストを尽くすのは何より自分の糧《かて》になる、と考えることができました」

人間、一度そう考えて開き直ると、むしろ大胆な発想ができるわけだ。

「そうなんです。それなのに、日本人の場合、会社の命運と自分を一緒にしちゃう。それは悲劇ですよ。もっとフレキシブルでいい。ゲームとしてね。

たまにサイコロの出方によってスッカラカンになっちゃう。でも、やり直せばいいだけですから」

幸島はそういって笑った。子どもの頃から、事業の裏表を見てきた人間だからこそいえる言葉であり、見せることができる笑顔だ、私はそう思った。

ある程度、あやふやなところを残しておくんです。どうも社長のいうとおりでは危なそうだぞ、というところを、わざと

中山善郎《なかやまよしろう》（コスモ石油会長）

中山善郎

一九一四（大正三）年、長野県に生まれる。三五（昭和一〇）年、福島高等商業学校（現福島大学）卒業。七五（昭和五〇）年、大協石油社長。八〇（昭和五五）年、アジア石油と、八六（昭和六一）年、丸善石油と合併、コスモ石油設立。八七（昭和六二）年、会長。九六（平成八）年没。

企業が、組織そのものの規模、仕組み、そして価値観まで否応《いやおう》なく一瞬のうちに一変させてしまう事態――それが企業合併である。

コスモ石油会長・中山善郎は、その「企業合併」を二度も体験している人物だ。しかも、いずれも「小が大を呑む」、非常に緊張度の高い企業合併である。大協石油社長として一九八〇（昭和五五）年にアジア石油をグループ入りさせ、八六（昭和六一）年には丸善石油と合併してコスモ石油を誕生させた。

二つの組織の論理と価値観がぶつかり合う企業合併を成功させるのは、経営者にとって並大抵のことではないはずだ。私は取材した九一（平成三）年当時、リクルート事件をはじめ世間を賑《にぎ》わせていた経営者スキャンダルについて問うてみた。

「権力の座に座って、いろいろなものが麻痺《まひ》してきているというようなこともあるんですかね。しかし、経営者が『私は辞めました』といえば、それで済んだみたいな感じが多いでしょう。あれだけ大騒ぎになったら、そこにいた役員全部が辞めたらどうかと思うんですよ。そういう社長を止められずにいたということは、自分も賛成してやっていたんですよ。そうでなければ、反対する空気のない会社だというわけです。社長が右といったら、全部、右に動かなければいけない。こんな役員がいたって、その会社は良くならない。全員辞めればいいんです」

だからこそ、聞きたい。中山さんはトップとしてどういうことに気を付けているのか。

「私がもし社長であるならば、取締役たちの気持ちに常に配慮して、私の提案したことに対して、とにかく発言しやすい環境を作ることに気を付けます」

とはいえ、社長にはやはりなかなか意見をいいにくいのではないか、と私は反論した。

「説明するにしても、ある程度、あやふやなところを残しておくんです。どうも社長のいうとおりでは危なそうだぞ、というところを、わざと……」

何とも驚いた。中山は、役員たちが意見をいいやすいように、「わざと」あやふやな発言をするということなのである。

「そうすると、聞いているほうも、これはやばいぞ、と思って積極的に発言してくるわけです。あやふやなところを残さないで、自分のいっていることは百点満点だみたいなことをいっちゃうと、誰も発言しなくなる」

なるほど。社長が迷っていることを、意識して見せる――というわけだ。しかし、部下にまったく響かなかったらどうするのか。

「そうならないために、日頃から仕事にどんどん責任を持たせることが大事だと思います。『この仕事はあなたに全部預けます』と。それでも、そういう『でくの坊』になってしまったら、さっきいったように社長と一緒に辞めるしかないですね」

中山はそういって、開けっぴろげに笑った。この割り切りと覚悟が、二つの合併を成功させてきた胆力なのであろう。

# 大型戦車の入れない露地から露地へと進んでいく。露地だって、日本中、世界中合わせれば、大きなものになりますからね

久保《くぼ》徳雄《とくお》（東京エレクトロン創業者）

久保徳雄
一九三三（昭和八）年、日本統治下の朝鮮に生まれる。父は朝鮮総督府の技師だった。敗戦後、大分県宇佐市に引き揚げる。五六（昭和三一）年、大分大学経済学部卒業。日商（現双日）入社。六三（昭和三八）年、東京エレクトロン研究所設立。

七年間勤めた商社を辞めて起業した男、久保徳雄。いまでいう「脱サラ」である。務めていたのは大手商社・日商（現双日）。しかもニューヨーク支店という、商社のなかでもエリートコースにいた。いったいどんな人間なのか、私は惹《ひ》き付けられた。

「フロンティアスピリットというのでしょうか。当時のアメリカには、自分の能力と運を懸けて一発挑戦するという雰囲気が充満していました。そんな空気に影響されたのかな」

なぜエリートコースを降りたのか、という問いに、久保はこう答えた。

「どうも大きな商社というのは、売上額を競うオリンピックみたいなものでしてね」

久保が担当していたエレクトロニクス部門は、売上額が少ないうえに、アフターサービスが大変だった。メダルどころか、予選落ちだったことが、久保の起業魂に火を点《つ》けたのか。

「商社は、売上高が少なく、しかも手間隙《てまひま》かかるものは敬遠する。となれば、これはベンチャーとして恰好《かっこう》の分野ではないのか。小さい会社が、逆に小さいことを武器にし得るのではないか。行けるぞ。そう、思ったのです」

一九六三（昭和三八）年、八人の仲間と東京エレクトロン研究所を設立。「わが最大のセールスでした」と久保が振り返るのは、伝手《つて》を頼ってＴＢＳ（東京放送）へ売り込んだことである。ＴＢＳが多角化経営を図っていた時期ということもあり、五〇〇万円の資本金と、社屋内に事務所を無償で提供してくれた。

しかし、そのプレッシャーは想像以上だった。「会社がもう持たないのではないか」という強迫観念にとらわれ、夜中に何度も目が覚める。酒と睡眠薬の力を借りた。

　そんな、当時の久保を支えたものは何だったのか。久保は、「狂気」という言葉を口にした。戦後、久保は朝鮮半島から九州に引き揚げ、食べ物にも事欠く生活を体験している。

「子どもの頃のハングリーな生活によって養われた執念、いや、やはり狂気でしょうか。自分で自分を追い詰め、あるいは突っ走らせ、無理やりにエネルギーを掻《か》き立てる、掻き立て続ける。もうムチャクチャに働いた」

　東京エレクトロンが初めてものにした仕事は、自動車のラジオをアメリカに輸出したことだった。この成功に勢いを得て、ＶＴＲ装置を輸出。二年目に、半導体を製造する拡散炉と、フエアチャイルド社のＩＣテスタの輸入代理権を得た。直接アメリカに行って、「ねばりにねばった」久保の勝利だった。

　もちろん手痛い失敗もあった。久保はその教訓を語った。

「大きなマーケットになりそうな製品には手を出すべきじゃない、ということです。狙っても、たちまち大手が進出してくる。これは大型戦車です。ですから……」

「戦車の入らない露地を狙う？」と、私はいった。

「露地、そうです。大型戦車の入れない露地から露地へと進んでいく。露地だって、日本中、世界中合わせれば、大きなものになりますからね」

　そのたとえが気に入ったらしく、久保は「露地」という言葉を何度も繰り返し、破顔した。

# 日本の陸軍にもなかなか良い考え方があって、方針と手段と責任区分を、はっきり分けていました。しかし日本の「経営」の場合は、そこがはっきりしていない

山中鑕《やまなかかん》（東武百貨店社長）

山中鑕

一九二二（大正一一）年、山口県に生まれる。慶應義塾大学予科、陸軍中野学校を経て、終戦時は参謀本部に所属。四八（昭和二三）年、伊勢丹入社。専務だった七五（昭和五〇）年に静岡の田中屋（現静岡伊勢丹）、その後、松屋、東武百貨店を再建した。九九（平成一一）年没。

山中鑽。一九九一（平成三）年のインタビュー当時、東武百貨店社長。伊勢丹、松屋、そして東武と三つの百貨店を渡り歩いてきた経営者である。流通という日本的慣習が最も強く支配している業界で、三社いずれも経営が悪化した最悪の時期に引き受けて立て直してきた、いわば「必殺再建請負人」だ。日本型組織と経営の善《よ》し悪《あ》しを知り尽くしている男といって良い。

その山中に、まず「日本的経営」の功罪を問うた。九一年といえば、バブルが弾け、日本的経営について見直すべき、と強く叫ばれた時期であった。

「欧米式の経営はトップダウンだから、いけないことはいけないと、はっきり割り切っていると思うんですね。だが日本の場合は、いうならば『根回し』。計画を作るのはボトムなんです。そして、中間階層、部長クラス、役員クラスと、コンセンサスを得ながら決まっていく。その過程で、自分の本当の理念でやっていこうという、経営者のチェックは通らない場合が多いんじゃないですか。そういう日本的経営が、マイナスになっているんでしょうね」

しかし、少し前まで「ボトムアップ方式」は皆が主体性を持ち、やる気を出して協力し合えるといわれていたのだ。そのマイナス面が、いま出ているということだろうか。

「そうだと思う。目標を明確に表示していなかったんじゃないでしょうか。僕は兵隊に行きましたが、日本の陸軍にもなかなか良い考え方があって、方針と手段と責任区分を、はっきり分けていました。しかし、日本の『経営』の場合は、そこがはっきりしていない」

目標がはっきりしないのに、現場監督としての中間管理職が判断しなければならない……。

「そうです。日本の場合、中間管理職が非常に重要です。手段を選んだり、小さい目標を変更したりする。日本的経営の歪《ゆが》みが来ているということでしょう」

では、山中の専門であるデパートがダメになるのは、どんなときなのだろうか。

「小売りの一番の問題はお客さん。マーケティングなんです。トップがお客さんのことが分からなくなり、定番マネジメントになるとダメ。官僚化して組織の新陳代謝が疲弊《ひへい》してしまうような形になると、まずダメですね。

僕はやはり、資本と経営は分離したほうがいいと思う。なるべく若い、いろいろな現象に敏感に反応できるような人たちが前にいたほうがいい。官僚化した組織は、一度、壊さなければならないんですが、これがまた難しい。

『創造的破壊』といって、一応、全部ご破算にすることが必要になるのでしょうけれど、プラスになるような創造的破壊をしなければならないんですね」

その「創造的破壊」のために山中が、その店に乗り込んで何をするのか、と尋ねた。

「僕は店の情報をできるだけ詳しく知りたいと思う。一番いいのは末端の社員から話を聞くことです。そして、やはり百貨店は売り場。毎日、回っていると、その辺の勘《かん》が分かってくるのです」

社長だからこそ社員に話を聞き、現場を回る——山中は当たり前のようにさらりと語った。私は、そこに「必殺再建請負人」の本質を見た。

# なぜ採算意識が変わったかというと、経営破綻をきっかけに、「この会社は俺たちのものだ」と、みんなが思い始めたからです

植木《うえき》義晴《よしはる》（日本航空社長）

植木義晴

一九五二（昭和二七）年、京都府に生まれる。父は俳優の片岡千恵蔵。七五（昭和五〇）年、航空大学校卒業。操縦士として日本航空に入社。九四（平成六）年から一七年間、機長として勤務。二〇一二（平成二四）年、代表取締役社長に就任。一八（平成三〇）年会長に就任。

植木義晴。日本航空（ＪＡＬ）初となる機長出身の社長である。

二〇一〇（平成二二）年、経営破綻《はたん》の際には、稲盛和夫《いなもりかずお》会長のもと執行役員運航本部長として再建に奔走《ほんそう》。一二（平成二四）年、代表取締役社長に就任した。

それにしてもＪＡＬ破綻の衝撃はすさまじかった。何が原因だったのかと、植木に問うた。

「一番の原因は、社員一人ひとりの意識の問題だと思います。要するに、経営と社員のあいだに一体感というものがまったくなかったと思うんです。経営陣にも、それだけの強い意志を持った人がいなかったのかもしれません。また、社員もそれに甘えてしまっていたのだと思います。経営と社員、両方の責任だと、私は思います」

植木は、自分自身をも振り返るように、淡々と語った。そして、こう付け加えた。

「もっと分かりやすくいうと、日本航空の社員でありながら、日本航空を愛している社員が非常に少なく、何か他人事《ひとごと》のように考えていたと思います。そこで経営破綻して、まず何をしたか。社員の『意識改革』と、財政面の『部門別採算制度』の導入という二点です」

財政面の改革をすれば当然、人員整理が必要になる。改革のなかで最も苦しかったのは、

「やはりリストラでした」と植木はいう。ＪＡＬグループ全体で約四万八〇〇〇人いた社員を、約三万二〇〇〇人にまで減らした。希望退職だけでは足りず、最終的に整理解雇に至った。身内を切る、その辛《つら》さは想像に難くない。

「意識改革」としては、稲盛会長が「企業はお客さまがあってこそ成立するのだ」という経営

フィロソフィの重要性を全社員に説いた。すると、稲盛自身が「どうしてこんなに短期間にみんなのなかに広がっていったのか」と驚くほど、それは社員に浸透していった。会社を「自分事」と考え、社員一人ひとりが採算意識を持つようになったのだ。

「なぜ採算意識が変わったかというと、経営破綻をきっかけに、『この会社は俺たちのものだ』と、みんなが思い始めたからです。『俺たちが守らなければ、誰がこの会社を守るんだ。自分たちで守らなければ誰も守ってくれない』と」

たとえば植木がパイロット時代、客室乗務員のチーフに帰り便の予約状況を聞くと、嫌そうな顔をして、「今日は満席なんですよ」と答えていた。満席だと仕事が大変であるからだ。

「いまはニコニコしながら『今日は満席なんですよ』というんです。本当に小さな違いですけど、まったく変わったな、と。みんなの感覚が変わりましたね。本当に嬉しいことです」

実は私自身は、全日空派である。たとえば冬にコートを預かってほしいというと、全日空は気持ち良く預かってくれるが、日本航空は「預かれません」と首を振る。サービスに大きな違いがあった。私は植木にいくつかの不満を率直に述べた。

「たしかに、ご指摘のとおり、官僚的なところは過去にはありました。そこはいま必死に変えています。田原さんにお願いしたいのは、弊社の社員をじっくり見てやってください、ということ。必ず変わっていきますから、うちの社員たちは。人に誇れる社員になっていますから」

そう私に訴える植木には、会社と社員たちへの愛がひしひしと感じられたのだった。

# これだけみんな反対するんだったら、誰もこのビジネスをやっていないはずだ

平《ひら》野《の》岳史《たけひと》（フルキャスト会長）

平野岳史

一九六一（昭和三六）年、神奈川県に生まれる。八四（昭和五九）年、神奈川大学経済学部卒業。八七（昭和六二）年、家庭教師の派遣会社を設立。九二（平成四）年、フルキャスト（現フルキャストホールディングス）創業。二〇〇七（平成一九）年、取締役会長。いったん退いたあと、一五（平成二七）年、会長に復帰。

「俺は他の奴とは違う、絶対に成功者になる」

平野岳史は、若い頃からそう考えていた。「自己顕示欲がすごく強い」と率直に語る。そして何より、八歳で父を亡くしたあと、自分を育ててくれた母親に楽をさせたいという思いがあった。しかし、大学の成績も惨憺《さんたん》たるもの……。逆境。だからこそ、平野は踏ん切れた。

「大学卒業後、三年間働いた先物取引の会社を辞め、大学生の家庭教師を派遣する会社を約五年間、経営しました。世の中はバブル最盛期で、友人からは年収一〇〇〇万円だ、一五〇〇万円だなどと、威勢のいい話ばかり聞こえてきます。焦燥感を感じていた頃、たまたま知り合いの引っ越し会社の社長さんから、『明日、学生を五人よこしてくれよ』と頼まれました。登録していた学生を集めて、約束した朝七時に連れていくと、社長さんがとても驚いたのです」

社長は、これまでの体験から「約束しても半分くらいしか来ない」と高《たか》を括《くく》っていたのだ。

「遅刻したり、人が欠けたりして当たり前という環境なら、約束を守るという常識的なことをやれば、それだけでニーズはある」――これが人材派遣業を始めるきっかけとなった。

しかし、ブルーカラーの人材派遣ビジネスは「手配師」などといわれる時代。周囲の誰からも反対された。ところが平野は、「これだけみんな反対するんだったら、誰もこのビジネスをやっていないはずだ」と考えた。

一九九二（平成四）年、フルキャスト創業。人材派遣業を始めると、最初の客が次々と客を紹介してくれた。常識的なニーズが、それほど満たされていなかったのである。フルキャストは急成長を遂げた。しかし次第に、「人材派遣会社があるから社会格差が生まれ、フリーターが生まれる」などという批判が出てきた。平野はこの問題をどう考えているのか。

「僕も一時期、自己嫌悪に陥りました。しかし客観的に調査したところ、人材派遣会社があるからフリーターが増えたわけではなく、社会現象としてフリーターが増えた結果、われわれのような媒介機能を果たす会社が成立したことが分かったのです。

現在は、フリーターやニートのための学校経営に取り組んでいます。僕自身、会社を辞めてフリーターだった時期は、先が見えない暗中模索の頃でした。そういうときは、きっかけ作りをしてあげないことには、先に進めない。その手伝いができるんじゃないか、というところからスタートしています」

「自己顕示欲」からスタートした平野だが、次第に「社会に対して何ができるか」、社会貢献ということを考えるようになった。起業の支援も始めているという。

「僕たち起業家が、『起業するのは楽しい、やりがいがある』などというと、叱《しか》る方がいらっしゃる。『安易に勧めるのはけしからん』と。しかし僕は、『どんどん安易に起業してください、そしてどんどん失敗もしてください、成功もしてください』といつもいっています。たとえ失敗しても、二〇代のうちにする失敗なんて大したことないんです。必ずしも起業でなくとも、人間は、人生のなかで一度はチャレンジする必要があると思うんです。結局は自分がどういう人生を過ごしたら納得がいくか、楽しいと思えるかということだと思います」

# 本当の勝負は一人でやる。経営者ってそういうもんやないですか

関口《せきぐち》房朗《ふさろう》（メイテック創業者）

関口房朗

一九三五（昭和一〇）年、兵庫県に生まれる。六三（昭和三八）年、関西精器を設立するが、七三（昭和四八）年に倒産。七四（昭和四九）年、技術系人材派遣会社である名古屋技術センター（現メイテック）設立。競走馬の馬主としても有名。

メイテックの創業者・関口房朗を取材したのは、一九八八（昭和六三）年のことだった。取材の話が来たとき、私は少なからずためらった。当時、メイテックの社員数は約三〇〇〇人、事業内容は人材派遣業であり、それだけの人数を抱えれば何か問題が起きているのではないかと考えたのだ。さらに、同社の派遣は「技術スタッフ」専門。企業秘密が漏れるなど難しい面があり、「この市場は拡がらない」という意見が多かった。

しかしメイテックは、そんな周囲の意見に反し、すさまじい発展を遂げている。私のなかで躊躇《ためら》いよりも興味が勝った。

メイテックの前身は七四（昭和四九）年設立の名古屋技術センターだ。実は関口は一度、関西精器という会社を倒産させている。社員はたった七人、資金はなく、設備を整えることなど到底、不可能だった。そこで、「純粋に知恵や技術を売れば良い」と考えついた。

「窮すれば通ず……ですよ」

関口は、轟《とどろ》くような笑い声を上げていった。

「関西精器時代に、いろんな会社から『お宅のスタッフを貸してくれないか』と、よくいわれたのです。商品が多品種になり、しかもどんどん寿命が短くなっている。早く開発しなきゃならん。社員ではない、限られた期間だけの技術スタッフが欲しいわけや」

しかし、名古屋技術センター立ち上げの頃、関口は倒産問題で心身ともにぼろぼろだった。入院先のベッドで考えた営業方法が、ダイレクトメール（ＤＭ）作戦だ。まだＤＭは一般的ではない時代、関口は一〇〇社に封書を送り付けた。しかも、印刷会社に頼む金もなく、新聞の活字を切り取って貼り付け、文章を作成した。それでは、まるで脅迫状ではないか。しかも、全部一人でやったという。なぜ社員にやらせなかったのか、と私は尋ねた。

「本当の勝負は一人でやる。経営者ってそういうもんやないですか。ギリギリまで追い詰められて、逆境でさらに極限まで追い詰められることで精神が収斂《しゅうれん》されて、アイデアが磨かれる」

心身ともに追い詰められたゆえの関口の開き直りが、結果を出した。DMを出した一〇〇社のうち、なんと約二〇社から問い合わせがあったのだ。しかも、三菱重工業からは一〇〇人単位の大量注文を受けた。これが弾みとなって、急成長を遂げたのである。

理屈は分かる。が、それにしても、七四年の社員数七人が、八〇（昭和五五）年には九八二人、八五（昭和六〇）年には二五六二人……このすさまじい膨張の要因は何であろうか。

「どの企業も、生き残るために開発は続けなければならない。となれば、勝負は、スタッフがその企業にとって必要な、付加価値の高い知恵や技術を持っているかどうかなのです」

だからメイテックは、高卒の場合は研修センターで一年間研修をするなど、社員が「不可欠なスタッフ」となれるような制度を整えているという。

「わが社の財産は文字どおり人材や。人間を商品扱いしない。あくまで知恵と技術の付加価値で勝負するのだ、と。これが私の哲学です」

関口は豪快な笑顔から、一転、慎重な口調でいったのだった。

# 第五章

# 直感ヒラメキ型

# 二〇パーセントは自分の好きなことに費やし、残りの八〇パーセントは会社の仕事をする。これを「二〇パーセントルール」と呼んでいるんです

サーゲイ・ブリン（グーグル共同創業者）

サーゲイ・ブリン

一九七三（昭和四八）年、ソビエト連邦（現ロシア）モスクワ市に生まれる。六歳の頃、家族でアメリカに移住。メリーランド大学卒業後、スタンフォード大学大学院で研究中、ラリー・ペイジと知り合う。九八（平成一〇）年に、ペイジとグーグル社を共同設立。

アメリカのシリコンバレーにあるグーグル本社を訪ねたのは、二〇〇五（平成一七）年のことである。そこはオフィスとは思えない、とにかく驚きに満ちた場所だった。まず、入り口の階段が木製で、天井《てんじょう》は音が反射しないように柔らかくしてある。仕事場にはやたら大きいぬいぐるみが置かれ、なんとホンモノの犬が歩いていた。そして一番の驚きは、社員がくつろぎながら自由に過ごしており、仕事をしているのか休んでいるのか分からないことだった。

それまで持っていた企業のイメージとは、すべてまったく違っていた。私はその印象を、創業者サーゲイ・ブリンにぶつけた。

「社員は自分の仕事が大好きで、楽しんで働いています。そして、社員がクリエイティブになることで初めて、製品が生まれるのです」

聞けば、社員たちは必ずしもグーグルの仕事をしなくても良い、自分の好きなこと、勝手な研究をしてもいいということだった。

「二〇パーセントは自分の好きなことに費やし、残りの八〇パーセントは会社の仕事をする。これを『二〇パーセントルール』と呼んでいるんです」

それは、たいへん素晴らしいことだが、私はブリンに非常に現実的な質問をした。その「勝手な研究」が大発明につながり、特許を取って大儲けしたとしたら、それはグーグルの利益になるのか、個人の利益になるのか。

「社員が素晴らしい製品を開発した場合には、報酬を用意しています。社員の貢献度に対して的確な価値を決めるのは困難ですが、私たちは最善を尽くしています。たとえば、あるチームには一〇〇〇万ドルほどの報奨金を出しました。チーム内で分ける場合、貢献度によりますが、一人で二〇〇〇万ドル受け取る人もいます」

つまり、「二〇パーセント」によってもし大儲けしたら、グーグルの利益にはなる。しかし、その後、報奨金が支払われるということだ。ブリンはこう付け加えた。

「自分の仕事に対する正当な報酬を得るには起業するしかない、とは思わないでほしい」

つまり、社員が「ばからしい、辞めて起業しよう」と考えないくらいの報酬を与えるということだ。

話を聞くうち、当時、日本で論争になっていたテーマが浮かんだ。「いったい会社とは誰のものだろうか？」——経営者か、社員か、株主か？　ブリンの答えは明快だった。

「会社は株主のものです。一般の株主、そしてもちろん社員の株主。そこには私自身、ラリー・ペイジ、エリック・シュミット（会長兼ＣＥＯ）も含まれます。初めに寛容な方針を決めて、かなりの比率の株を社員に配分しました」

社員は株主になることで、単なる勤め人ではなく、会社の持ち主になれるわけだ。

「大切なのは、社員が自分も会社の所有者だと思えるよう、正当な株の分配をすることです。もちろん、それに加え、世界中の人々の生活に新しい製品を提供するということに、社員はやりがいを感じています。それが、さらに大きなやる気の源になるのです」

# 必需品ならば二番手でも安いほうが売れます。しかし娯楽は二番煎じではダメです

山内《やまうち》 溥《ひろし》（任天堂社長）

山内溥

一九二七（昭和二）年、京都府に生まれる。早稲田大学専門部法律科卒業。四九（昭和二四）年に祖父の積良《せきりょう》が病に倒れ急遽、跡を継ぐ。以来、二〇〇二（平成一四）年まで五三年間にわたり同社の代表取締役を務め、一大エンターテインメント産業に育て上げた。二〇一三（平成二五）年没。

「取材に来られる方は、任天堂は特別な会社であり、画期的なことをしているのではないかと考えているようですが、自分としては何も特別なことをしてきたつもりはありません」

任天堂社長・山内溥は、いかにも面倒そうな、物憂《ものう》げな口調で話し出した。薄く色の付いた細縁の眼鏡が決まっている、ダンディな中年紳士。恐ろしく取材しにくい難物《なんぶつ》だ。

一八八九（明治二二）年、山内房治郎《やまうちふさじろう》が京都で始めた花札《はなふだ》製造業が任天堂の祖である。以来、地道に花札やトランプの製造を続けてきた老舗《しにせ》企業がファミコンブームを作り上げ、一躍、時代の寵児《ちょうじ》になった。その「中興の祖」が、三代目社長の山内溥である。

山内とのやり取りは、その後も困難を極めた。娯楽品を作る難しさを問えば、そっけなく「さあ、分かりませんな」。ブームを生み出す「空気」を察知するノウハウはあるのでしょうかと尋ねると、「ありませんよ、そんなもの。あったら教えてほしいくらいです」――。

しかし、私がしつこくエンターテインメント産業の難しさについて聞き続けると、それまで取材がいかにも迷惑そうだった山内が、熱っぽい口調で語り出したのだ。

「他の産業、必需品の世界では、真似ばかりして巨大企業になった例もある。けれど娯楽の世界ではそれができない。初めは売れたとしても、ファンにはすぐ分かってしまう。人の褌《ふんどし》で相撲《すもう》を取るような商法がしにくい。これがまことにいいところであります」

「人の褌」で成功した企業を、私はたくさん見てきた。対して任天堂は、まさしく自主開発で伸びた企業であった。それにしても、なぜ任天堂はゲーム市場で圧勝できたのか。

「まさに、任天堂が『娯楽屋』だったということです」

山内は眼鏡の奥で微笑していった。

「ファミコンの勝負どころは、とにかく表現の素晴らしさ、きれいさ、楽しさですね。ところが他のメーカーは、ゲーム用ではなく、ビジネス用のハードを使っている。ビジネス用のマシンは、映像がそんなにきれいでなくてもいい。それに対してゲーム用は、一も二もなくディスプレイの即時性と美しさが大事なのです。その点が根本的に違う」

その説明は分かりやすかった。任天堂はゲームに徹しただけに操作が簡単。たしかに「表現の素晴らしさ、きれいさ、楽しさ」もあった。ここまで来て山内は、堰《せき》を切ったように話し出した。

「何よりも大事なことは、娯楽というのは飽きられるものだということ。ここが必需品と根本的に違うわけです。そして必需品ならば二番手でも安いほうが売れます。しかし娯楽は二番煎《にばんせん》じではダメです。たとえ安くても売れない。トップランナーでないといけません。だから、二番煎じで安いものを作るというやり方でやってきた大手の必需品メーカーには、娯楽のソフトウエアを作るのは無理ですよ」

山内は、「娯楽ソフトを作るというのは、つまり映画や音楽を作るアーティストの仕事、才能に似ている」と説明した。それは、あくまでも淡々と答えていた山内が、「娯楽」という生業《なりわい》に対する内なる強烈な自負と自信をのぞかせた瞬間であった。

# 競争は嫌いです。僕の幸せの大部分は、人の幸せが占めています

前澤《まえざわ》友作《ゆうさく》（ZOZO創業者）

前澤友作

一九七五（昭和五〇）年、千葉県に生まれる。九八（平成一〇）年、スタート・トゥデイを設立。二〇〇四（平成一六）年、ZOZOTOWNオープン。一八（平成三〇）年、ZOZOに社名変更。一九（令和元）年、ヤフー傘下に入り社長を退任し、新会社スタートトゥデイを設立。

何かと話題を振りまく男である。前澤友作。日本最大級のファッション通販サイト「ZOZOTOWN」を運営する、スタートトゥデイの経営者だった。

楽天や他のネット通販もあるだろうに、なぜZOZOTOWNに人気が集まるのか。私にはまったく分からないので、率直に聞いた。

「楽天でも買えるのに、なぜ前澤さんのところが人気なの？」

おそらく、前澤にこんなことを聞いた人間は、過去にはいなかったであろう。

「僕たちのところでしか買えないブランドがあることが大きい。扱っているブランドのうち半分以上は、公式ショップとしては楽天で買えないと思います。ではなぜZOZOTOWNがブランドから信頼されるのか。二つの面があると思っています。一つは、サイトのデザインや写真。二つ目は、売っている社員がどれくらい洋服のことを理解しているか、ブランドのことをどれくらい好きでいてくれるか、という目に見えない部分です。どちらも大事ですが、アパレル業界で重視されるのは『目に見えない部分』だと思います」

社員が、洋服を理解して、そのブランドを好きでいること。その大切さは分かる。しかし、そのような社員を、数人ならともかく数百人も、どうやって集めることができるのか。

「僕の持論ですが、服のセンスがある人は感受性が豊かで、自分のことをよく分かっています。感受性が豊かかどうかは、どんな話からでも分かる。だから面接では、ファッションに限らずいろいろ聞きますよ。でも、入社してからの教育はありません。分厚いマニュアルを用意するより、背中を見て勝手にやってくださいという放任主義です」

なるほど、と思った。私は常々、日本の企業はマネジメントが下手だと思っていた。社員を従順にしようとしすぎ、感受性や創造性を剝《は》ぎ取り、元気を奪う。前澤は真逆だ。そして、何と労働時間は、二〇一二（平成二四）年から六時間制だという。

「仕事は短時間で集中して終わらせ、よそで遊んだり、学んだりしたほうがいい。自由な時間を趣味や家族とのコミュニケーションに使ってもらい、得たものを仕事で発揮してもらえれば、会社にとっても有益じゃないですか」

さらに驚くのは基本給とボーナスが全社員一律ということだ。成果報酬は一切なし。

「かつては競争がないと人はサボるとか、企業は傲慢《ごうまん》になるということがあったかもしれません。けれど、競争するより協調したほうが『経済合理性』がある。競争によって刺激されなくても、みんなお客様にとって便利なもの、新しいものを自発的に生み出すマインドになっている気がします。

競争は嫌いです。僕の幸せの大部分は、人の幸せが占めています。じゃあ、どうやって社員、取引先、株主を楽しませたり、驚かせたりすることができるのか。それを考えてやってきたら、結果的に儲かっていた、という感覚なのです」

前澤は、これまでの常識をあっけらかんと覆《くつがえ》して、人を驚かせた。しかし、その思想は、実はかつて稲盛和夫が語っていた「利他」に通じる。普遍の真理がそこにある。

# 自分でやると、かえって徹底しなくなる。変わってしまう。憲法みたいなもので、いいっぱなしで、総論だけ押し付け、現場から離れているほうがいい

堤《つつみ》 義明《よしあき》（西武鉄道社長）

堤義明

一九三四（昭和九）年、東京都に生まれる。五七（昭和三二）年、早稲田大学卒業後、国土計画興業（後のコクド）代表取締役などを経て、七三（昭和四八）年、西武鉄道社長。二〇〇五（平成一七）年、証券取引法違反の罪で有罪判決を受ける。

西武鉄道社長・堤義明。セゾングループ代表の異母兄・堤清二《つつみせいじ》とは、性格、経営方針、何もかもが対照的だ。私は二人ともインタビューしたが、清二が狙いすましたコーナーぎりぎりの球を投げてくるのに対し、義明はこちらがドギマギするほどのストレート勝負。むろん迫力いっぱいで、常識を、時代を、バッサリ断ち切る爽快《そうかい》さがあった。

私は堤に、バブル期にハワイのホテルとゴルフ場を買収した件について尋ねた。なぜ日本勢が買いまくっているハワイなのか。すると堤は唐突に「オリンピック」という言葉を口にした。

「オリンピックのとき、新聞やテレビは、日本がメダルをいくつ取ったなどと国単位の争いのように見立てます。しかし、闘っている当人は日の丸なんか見ていない。それぞれ、選手なりチームなりの個別の闘いです。同じように、仕事をするときに国境なんて関係ない」

それでは、リゾート開発の条件をどう判断するかと尋ねると、「自然条件、これだけです」ときっぱり。やはり直球ストレートである。

堤は以前、自分の経営は、「ホテルもライオンズ球団にしても、支配人や監督に思い切って任せてしまう経営だ」と語ったことがある。だが、「任せてしまっている」にしては、オーナー堤のポリシー、流儀や色が徹底しているように思う。私はその疑問をぶつけてみた。

「それは任せるからですよ。自分でやると、かえって徹底しなくなる。変わってしまう。憲法みたいなもので、いいっぱなしで、総論だけ押し付け、現場から離れているほうがいい」

「憲法みたいなもの」という堤の持論は、分かる気がした。しかし、任せる人物が「任せるに足る」かどうか不安ではないのか。適した人物だと、分かるのだろうか。

「それは勘ですね。何かごまかしていこうという人間と、一生懸命に誠実にやろうとしている人間と、それからどの程度、自信があるのか。それは本人とちょっと話をすれば分かります」

しかし、オーナーと会えば誰もが誠実であろうとするし、それでも分かるのか。私が疑問を口にすると、堤は「分かりますよ」と返した。そして、何を当たり前のことを聞くのか、という顔をしたのだった。

たしかに西武ライオンズは、誕生した一九七九（昭和五四）年から八七（昭和六二）年のあいだに、リーグ優勝を五度も飾っている。堤の「任せる経営」がうまくいっているのだ。

私は、かつて東急グループの総帥《そうすい》・五島昇《ごとうのぼる》に、「ライオンズは西武の大宣伝になっている。東急はなぜプロ野球チームを手放したのか」と聞いたときのことを思い出していた。「向こうはよほど神経が太いんだな。僕なんか、毎日勝った負けたでハラハラして、胃が悪くなっちゃう」と五島は答えた。

堤に、ライオンズが勝っても負けても平気でいられるのか、と問うてみた。

「社員にいわれてテレビや新聞を見ると、いつも勝っている。負けているときは、社員は私にいってこない。勝っている試合ばかり見ているから、まことに気持ちいいですよ」

堤は高い笑い声を立てた。「現場から離れる」という堤流の経営哲学を、そこまで徹底しているのか、強引な割り切りなのか。私はその堤らしい答えが爽快で、わけもなく愉快だった。

# 僕はHere and Now。そのとき求められたところで、必要な仕事をするだけです

江《え》副《ぞえ》浩《ひろ》正《まさ》（リクルート創業者）

江副浩正

一九三六（昭和一一）年、愛媛県に生まれる。六〇（昭和三五）年、リクルート（現リクルートホールディングス）の前身・大学新聞広告社設立。「リクルートブック」「週刊就職情報」「とらばーゆ」などを創刊。リクルート事件で懲役三年・執行猶予五年の有罪判決を受ける。二〇一三（平成二五）年没。

私が江副浩正に初めて会ったのは、一九八六（昭和六一）年のことだ。

「江副さんは、起業した当初から、いまのような展開をイメージしていたのですか」

「いや、ぜんぜん。やっていたらこうなっただけですよ」――江副はそう答えた。そして「Here and Now」という言葉を口にした。理想は追わない。これが彼の哲学だという。

江副は東京大学に入学後、東京大学新聞に入り、広告を担当した。これがリクルート設立のルーツとなる。ある企業の求人広告を載せたことを契機に、広告スペースが企業の求人情報で埋まるようになった。インターネットのない当時、学生にとって貴重な情報であった。

東大卒業後の一九六〇（昭和三五）年、大学新聞広告社を設立。その気になればいくらでも有名企業には入れたであろう江副が、なぜ二人だけの小さなベンチャー企業を始めたのか。

「だって、東大新聞の広告は、僕が辞めたらたちまち困る。それに、僕はHere and Now。そのとき求められたところで、必要な仕事をするだけです」

「行きがかり上辞められなかった」と江副は繰り返した。「行きがかり上」始めたベンチャー企業が、売上高三四〇〇億円という大企業に成長した。成功の要因はまったく新しい発想だった。それまでの出版物は、読者が代金を払って買っていた。ところが、「リクルートブック」はすべて広告。企業が金を払って広告を出し、学生に無料で配布するのだ。

「発想なんて、大したことはない。高度成長期の時代に、企業からどんどん広告が入ってきて、東大新聞に入り切らなくなってしまった。その求人広告をまとめて一冊の本にしたらどうかと考えた。いわば苦し紛《まぎ》れです」

もちろん、発行までは難航の連続だったという。「広告ばかりを集めた本を読む学生がいるわけない」という逆風ばかりだった。江副が、二〇〇〇通ものダイレクトメールを出し、数え切れないほどの訪問営業を行ったと聞いていた。その苦労話を江副に確認してみた。

「僕は未来に対しても、そして現在に対しても、おおいに興味がある。しかし、昔のことや済んでしまったことについては、もうどうでもいい。そんなことを聞かれるのは、面倒くさいだけ。苦し紛れの思いつきから始まった仕事です。新しいことを始めるのだから、それくらいのことは当然でしょう」

江副はこともなげにそういったのだった。

取材から二年後、リクルート事件が起きる。二〇〇三（平成一五）年、江副は有罪判決を受けた。しかし私はこの事件を取材し、江副は冤罪《えんざい》だという確信を得た。当時、社会はリクルートのビジネスを「虚業」だと決め付けた。検察がその世論に乗って「虚業」を潰そうとしたのだ。あの事件がなければリクルートは日本のグーグルになっていたと確信する。非常に残念だ。

二〇〇六（平成一八）年、弁護士立ち合いのもと、私は江副に取材している。そのときの江副は、実に穏やかな表情であった。恨みはまったく口にしない。当時の江副は「江副育英会」（現江副記念リクルート財団）を通じ、芸術や奨学金制度などの活動を行っていた。これもまた、江副の「Ｈｅｒｅ ａｎｄ Ｎｏｗ」であったのだろうか。

# 自殺するくらいなら逃げろ。いじめや過労、そんなものに殺されるな、逃げろ！

家入《いえいり》一真《かずま》（CAMPFIRE創業者）

家入一真

一九七八（昭和五三）年、福岡県に生まれる。中学で登校拒否、高校中退後、二〇〇一（平成一四）年、二二歳でpaperboy&co.を起業。その後、カフェやクラウドファンディングCAMPFIRE、BASEを経営。一四（平成二六）年、東京都知事選挙に立候補。落選するも五位約九万票を獲得。

「僕らの一つ上の世代は、一攫千金《いっかくせんきん》のための起業が多かったように思います。でも、いまは『企業に就職しても未来が見えない、だったら自分でやったほうがマシ』と起業する若い人が多いですね。つまり起業も就職の一選択肢になっているんです」

家入一真の言葉に、私は時代の変化をつくづくと感じた。かつて取材した多くの起業家たちは、寝食を忘れて働き、人生を懸けて事業を成長させることを目指してきた。しかし家入は、「起業も就職の一選択肢」という。その家入自身の「起業」は、どういうものなのか。

家入は早起きが苦手で、大学受験も失敗、会社も辞める、あるいはクビになったという。一般的には「ダメ人間」なのだろうが、ここからが家入のユニークなところだ。

「僕は就職できないタイプなんだ。自分で何かしないと生きていけないと思ったのです」

だが、多くの人間は「安定」を求め、早起きできるように自分を適応させるではないか。

「そうやってストレスに耐え続け、挙げ句の果てに心を病んでしまったりする人が多いわけですね。大企業に就職することで、そうしたリスクが発生するのだとしたら、起業するほうが、よほどリスクから切り離されて自由に働くことができるのではないか、そう思うんです」

家入が始めたレンタルサーバー事業は、予想外の大成功を収めた。史上最年少の二九歳で上場起業の社長となるが、一年で退任。その後、株売却の十数億円を手にしてカフェ事業を展開した。しかしうまく行かず、たった二年で資金をほぼ使い果たした。このとき三二歳。若くしてかなり波瀾万丈《はらんばんじょう》の人生である。

しかし家入は悔しそうな表情は見せず、ひょうひょうと語る。

「やっぱり、お金の魔力にやられて、ちょっと変になっていたのかもしれません。これだけあれば、どんなに使ってもなくならないだろう、という感覚になってしまっていたんですね」

家入が生まれたのは一九七八（昭和五三）年。物心が付いてからは、ずっと経済縮小の時代。政治家も経営者も頼りない存在に見えたのではないか、この点を問うてみた。

「それはある気がします。『国や大企業に頼っていれば安心だ』という感覚は、少なくとも僕にはまったくなかった。『寄らば大樹の陰』ができないから、一人ひとりが自分で根を張って生きていく術《すべ》を身に付けなければならない。起業もそのための手段なのだと思います」

飢えることはない、しかし、もはや大きく成長しない時代に育った世代――。

「だから若い世代の起業家には、『いずれは大企業に』という野心を抱くタイプが少ない気がします。会社だって自分がやりたいことを実現するための手段であって、経営が目的ではないのです」

家入は「自殺するくらいなら逃げろ」と若者にいい続けている。「いじめや過労、そんなものに殺されるな、逃げろ！」と。

彼は、その後、リアルな「逃げ場」であるシェアハウスをプロデュースした。「逃げ場」というネガティブな言葉が、彼の口から出るとポジティブに変わる。家入のような経営者が増える日本の未来は、きっと明るい。私はそう確信する。

# シリコンバレーは未来を全面的に肯定している。それに対して日本は、未来を否定している

**猪子寿之**《いのことしゆき》（チームラボ創業者）

猪子寿之

一九七七（昭和五二）年、徳島県に生まれる。二〇〇一（平成一三）年、東京大学工学部卒業。同年、友人たちとチームラボ設立。産経デジタルのニュースサイト「iza（イザ！）」などウェブ制作からスタートし、デジタルアート企画展を世界各国で開催。

猪子寿之。チャーミングな笑顔と物怖《ものお》じしない自由な言動が強烈な印象を残す。『朝まで生テレビ！』に何度か出演していただいているのだが、実は具体的に何をしている人なのか、よく分かっていなかった。猪子は、「チームラボ」という会社の代表を務める。

「情報化が進むと社会は超複雑化するから、一人で何かを作るということが不可能になっていく。何人かのスペシャリティを持った人が集まり、フラットな関係でディスカッションを重ね、チームとして何かを作り上げていく。だから『チームラボ』なんです」

社名の由来を聞くと、猪子はそう説明し、「何よりみんなでやったほうが面白いじゃないですか」とニヤリと笑った。では、何を作り上げたいのか、何が好きなのかと問うた。

「新しい体験を、簡単にいうと、すごく広い意味でアート的なものを、作るのが好き」

新しい体験、そしてアート的なものとは何なのか。まったく分からない。

「広いんです。すべての領域がわれわれの領域といっていいかもしれない」

ますます分からない。二〇一五（平成二七）年、私は、猪子たちが作ったものを実際に観に行った。企画展「踊る！アート展と、学ぶ！未来の遊園地」（日本科学未来館）である。

私は驚いた。そして、わくわくした。文章では非常に説明しづらいのだが、とにかく刺激的なのだ。

たとえば「お絵かき水族館」。紙に魚の絵を描き、それをスキャナーで読み取ると、壁に映し出された水槽で、魚が泳ぎ出す。また、「世界はこんなにもやさしく、うつくしい」という作品。壁に「花」や「木」「鳥」といった漢字が映し出されていく。そのなかの「木」の字に触ると、文字が絵に変化して、三次元的に表現された木が現れる。続けて「鳥」に触ると、字が鳥になって、さっきの木に止まる。

デジタルアートとはこういうことか――それは猪子のいうとおり、まったく新しい体験だ。

新しいものを生み出している猪子たちを、私は非常に頼もしく思った。

しかし、世界的に見ると、アップル、グーグル、フェイスブック……デジタルの新しい技術やサービスは、ほとんどアメリカ発である。なぜなのか、と猪子に問うた。

「何だろう。大きくいうと、アメリカの西海岸、つまりシリコンバレーは、未来を全面的に肯定している。それに対して日本は、未来を否定している。その違いかな」

「未来の否定」とはどういうことか。重ねて問うと、猪子は「著作権」を例に説明してくれた。二〇世紀までは音楽、出版、ソフトウエアも、著作権をパッケージ化して課金することをビジネスとしてきた。しかし、インターネット社会では、もはやそれはビジネスにならない。

「シリコンバレーは『次はどういうものがいいか』と未来を肯定し、ユーチューブなどを作り出す。日本は無理にビジネスを成り立たせようと法律を増やす。これは未来の否定です」

猪子の目は、日本という国を飛び越え、世界を見ていた。そして実際、近年のチームラボは、シンガポール、中国、フランスなど、世界でアート展を行っている。猪子のような人間が増えていけば、日本は「未来を肯定」できる国になるに違いない。私はそう確信している。

# 人は有限、企業は無限

## 福武哲彦《ふくたけてつひこ》（福武書店創業者）

福武哲彦

一九一六（大正五）年、岡山県に生まれる。三五（昭和一〇）年、岡山師範学校卒業後、教職に。四九（昭和二四）年、冨士出版設立。五四（昭和二九）年、倒産。五五（昭和三〇）年、福武書店（現ベネッセホールディングス）を設立、通信教育「進研ゼミ」や「進研模試」で成長。八六（昭和六一）年没。

福武書店。通信教育の進研ゼミや進研模試など教育事業で成長し、出版業界にも進出。現在、ベネッセホールディングスとして、教育業界における大企業となっている。

創業者・福武哲彦を取材したのは、一九八四（昭和五九）年のことだった。当時、福武は六八歳。私は福武書店の成功について、その要因を、率直に聞いた。

「倒産したこと。地獄を見たこと。それらが、いまのすべてを作ったといえるでしょうね」

穏やかな風貌の福武が、慎重に答えた。小学校の教師だった福武は、戦後、ドリルやテストなどの出版を始めた。これが当たったのだが、「いい気になって拡張を重ね」見事に倒産。この苦い経験が、福武の「いまのすべてを作った」という。

放漫経営を反省して再起を図り、最初は大学入試の模擬試験を手掛けた。しかし、大学受験といえば親も子も必死であり、実績がある模試に殺到するのではないか。なぜ無名の地方出版社が食い込めたのか。

「なぜ食い込めたのかな。それを聞かれると一番困るのだな。秘策や奇策は何もない。ただ一生懸命やったこと。その積み重ねだな」

旺文社や学研だって一生懸命だろう、と問うと、福武は強く「それは違う」と否定した。

「社長自ら一生懸命やっていたところは極めて少ないはずです。お客さんのことを一生懸命に考える。受験生や親、そして先生たちが何を求めているか、何が一番彼らの役に立つか、と」

「お客様は神様です」という言葉があるが……。

「それはダメ。お客様は大事だからね。だからこそ、お客様を神様にしたら、どうにもならない。向こうは素人でこちらはプロですからね。向こうは知らなくて、こちらはよく知っているのですからね。だからこそ、叱《しか》るときはおおいに叱ります。甘やかしてちやほやしない」

お客さんのことを一生懸命考えて、具体的に他社と、どんな違いが出てきたのか。

「たくさんあります。たとえば偏差値。まだ偏差値がなかった頃、同じような指標を考え、実施しました。受験生だって、親だって、具体的な指標が欲しい。それなのに、以前はなかったのですよ。

それに、ただ『×』を付けるのではなく、コメントをする。学校向けには、模試のデータを分析し、それぞれに送ったことも、受けた理由の一つのようです」

さらに福武は、「全国の高校とオンラインで結ぶ構想を練っている」と語った。さらに通信回線によって、海外にまで広げた進研模試や進研ゼミを実施しようとも考えているという。

「これからどんどん時代状況が変わり、戦国時代がやって来る。事業とは勝つか負けるかですから、それに勝つためには大義名分がないとダメ。大義名分のない、金儲けをしようという戦いは、結局、負けます。金儲けというのは、結果に過ぎません」

様々な事業構想を語った、この取材のわずか二年後、福武は急死。しかし現在、海外向け通信教育やオンライン教育など、福武の構想は、ことごとく実現している。

取材の最後に福武が繰り返していた言葉が思い起こされる——「人は有限、企業は無限」。

要するに、生徒にとって魅力がある教育ができるかどうかが勝負なのであって、その意味では、予備校こそが本物の教育をやっている

高宮行男《たかみやゆきお》（代々木ゼミナール創業者）

高宮行男

一九一七（大正六）年、北海道に生まれる。三八（昭和一三）年、國學院大学を卒業。五三（昭和二八）年、予備校不二学院を開設。五七（昭和三二）年、学校法人高宮学園を設立、五九（昭和三四）年に代々木ゼミナールに改称して理事長。二〇〇九（平成二一）年没。

一九七六（昭和五一）年、代々木ゼミナール創業者・高宮行男は、中野税務署管内で長者番付第三位となった。代々木ゼミナール、通称「代ゼミ」。パンフレットを見ると、入学式や運動会、そして保護者会もあり、「教養講座」という行事では、大江健三郎《おおえけんざぶろう》、開高健《かいこうたけし》、野坂昭如《のさかあきゆき》、小田実《おだまこと》など、錚々《そうそう》たる顔ぶれが講師となっている。予備校なのに、なぜそこまで……私には、正直、意外だった。

友人で明治大学教授の鈴木武樹《すずきたけじゅ》は、「案外、いま日本で最も学校らしい学校は代ゼミじゃないのか」という。私は高宮行男という人間に猛烈に興味を覚え、受験生でごった返す代々木ゼミナールに高宮を訪ねてみた。

質素な応接室に通されると、事務の女性に何やら指図をする初老の男がいた。ワイシャツ姿、ベルトに手拭《てぬぐ》いをはさみ、せわしなく動いている。私は総務係長かな、と当たりを付けた。すると後に、「すっかりお待たせして」と現れたその男こそが、高宮本人だった。

高宮は北海道の神社に生まれ、軍隊入営を経て、一九五三（昭和二八）年、代々木ゼミナールの前身である不二学院を開設した。それにしても、なぜ予備校経営を始めたのか。

「当時、中高生の息子が受験勉強をしていたのですが、昭和三〇年頃というのは、大学の収容人数と受験生とのギャップが最も大きなときだった。現在よりはるかに厳しい受験地獄にあり、浪人生も多い。ところが当時の予備校が、本当にひどい。バラックのような建物で、まだ『戦後』なんだ。

『浪人』という言葉からして陰惨だ。僕は『浪人』の陰惨さを取り除いてやろう、と思ったのですよ。楽しかるべき青春の一時期にだ、精神的にも灰色で、しかもオンボロの教室に通うなんて、これは良くない。絶対に良くない。もっと明るく、ハツラツとして勉強ができる環境を作ってやろうと思ったのですよ」

高宮は、東京・代々木に近代的な校舎を建て、私がパンフレットで見たような、通常の学校らしい、いやそれ以上の行事を企画した。たしかに、校内で見かけた生徒の表情は明るかった。

「受験生が、日陰の身ではなく、堂々と胸を張って通える、そういう予備校にしたかった」

語るうちに高宮の語勢は激しさを増し、現在の高校批判が始まった。

「高校の教師が、教師でございとカッコ付けていられるのは、彼らが内申書を書くという『権力』を持っているからです。対して、うちはだ、内申書もない、卒業証書もない。何の権力も持ってはいない。もし教師に魅力がなかったら、授業に魅力がなかったら、生徒は絶対にやって来ない。要するに、生徒にとって魅力がある教育ができるかどうかが勝負なのであって、その意味では、予備校こそが本物の教育をやっているといえるのではないでしょうか」

私は、鈴木の「最も学校らしい学校は代ゼミ」という言葉を思い出した。

高宮は、「商売になる」と思ったからではなく、浪人生に心地よい環境を作るため、世の中を良くするため、とおそらく本気で思っているのだろう。そして、本気でそう思い込めるところが、高宮が経営者として成功し得た所以《ゆえん》なのだろう、と私は合点したのだった。

# 自分たちが商品を売る武器は、「情報と心理の操作」だ

斎藤《さいとう》 駿《すすむ》（カタログハウス創業者）

斎藤駿

一九三五（昭和一〇）年、東京都に生まれる。五四（昭和二九）年、早稲田大学文学部露文科入学。五年半かかって卒業。現代芸術協会入社。同社でソノシートの通信販売を手掛ける。退社し、七六（昭和五一）年、日本ヘルスメーカー（現カタログハウス）設立。

日本ヘルスメーカー。現在の社名は、「通販生活」を発行するカタログハウスといえば、ご存じだろう。創業者の斎藤駿を取材した一九七八（昭和五三）年当時、同社は「ルームランナー」の通信販売を行い、風変わりな広告で知られていた。

たとえば、「ナンチャッテおじさんを探してください」という新聞広告。「ご本人、あるいはお心当たりのある方はお手数でもお電話でご一報下さいませんか」として、会社の住所と電話番号を掲載したのだ。「ナンチャッテおじさん」とは都市伝説で、この広告は大変な話題となった。

私は面白がりながら、人騒がせなCMに反感を持った。斎藤が専門誌に書いた「自分たちが商品を売る武器は、『情報と心理の操作』だ」という一文も、アドルフ・ヒットラーの情報操作を思い起こさせて、恐ろしかった。ただ、実際に会った斎藤は、意外にも実に優しげだった。私は、同社が記事広告を出し始めたきっかけについて聞いた。

「弱者の挑戦です。巨大広告と並んで、それに圧倒され、呑まれてしまうのではなく、逆に、巨大広告があるがゆえに、わが社の広告が目立つ、引き立つ、という方法はないものか、と考えたのです。さんざん考えた末に出てきたのが、記事広告という発想だったのです」

実は、同社は幼児向け通信教育も行っていた。七五（昭和五〇）年のこと。広告代理店から斎藤のところに、ある日刊紙に格安で通信教育の広告を出さないかという話が舞い込んだ。全面のうち、下の全一〇段広告は大企業に決まっており、その上の五段スペースだという。初めて日刊紙に広告を打つチャンスだったが、ともすれば一〇段に呑み込まれてしまう。「大企業はおそらくスマートな広告を打つ。同じような広告では太刀打ちできない。巨大広告の上に五段の新聞記事。読みやすく、面白く、つい読んでしまう、という形にする」

結果、七年間で約三〇〇〇口だった顧客が、なんと三ヵ月で一〇万口に増えた。大成功だ。以降、斎藤はルームランナーや美顔器など、すべての製品の記事広告を打ち、売りまくる。

「記事広告はたしかに欺瞞《ぎまん》だと思います。僕がいうのだから間違いない。たとえば、お客さんから申し込みの電話がかかってきて、『こんなふうに素晴らしい品物だから買いたい』という。どこかで聞いたような台詞《せりふ》だと思ったら、私が書いた記事広告の文章そのままなのですよ。こんな話をすると、情報操作だ、ヒットラーだなどといわれるかもしれないが……。しかし、情報操作なんて、果たしてそんな簡単にできるものなのでしょうかね。大衆って、そんなに簡単に動くものなのですか。逆に大衆の要求に適応して、情報が操作されている。だが、そんな理屈で免罪符を得た気になっちゃいけないな……」

斎藤は「通販」の持つ危険性を先刻、自覚していた。私はあらためてこの人物に興味を抱き、同時に日本ヘルスメーカーが斎藤という強烈な個性から離陸できるのか、と懸念を覚えた。

しかし、それは杞憂《きゆう》だったようである。現在の「通販生活」を読んでみた。政治や環境問題への意見広告、コラムや読み物もあり、商品も購入できる。これはまさに斎藤の原点「記事広告」の集合体ではないか。同社は、実にいい「離陸」をしたようだ。

終始一貫、未来は明るいと信じています。俺のおじいちゃんより親父が偉いし、親父より俺のほうが偉い。そして俺より息子のほうが偉い

小菅国安《こすげくにやす》（伊勢丹社長）

小菅国安

一九四五（昭和二〇）年、東京都に生まれる。六八（昭和四三）年、慶應義塾大学卒業、アメリカに留学。七一（昭和四七）年、三菱銀行入行。七九（昭和五四）年、伊勢丹入社。八四（昭和五九）年、社長となる。九三（平成五）年、名誉会長。

一九八九（平成元）年、まだバブルは弾けておらず、好景気の時代であった。流通業界に詳しい人物に「いま面白いデパートはどこか」と聞いたら、伊勢丹を挙げた。「若き社長・小菅国安が、老舗・伊勢丹の改革を企てている」というのだ。

伊勢丹は老舗ではあるが、売り上げは当時業界六位。いったいどんな改革を進めるのか。小菅にインタビューする当日、日本経済新聞は、一面トップで「米バーニーズと伊勢丹、全面提携」なるニュースを報じていた。

当然、私は、まずはバーニーズとの提携の狙いを聞いた。

小菅は、要因は様々あるものの、「一番の狙いはソフト、すなわち人間」だといった。

「やっぱり異質なものと一緒に仕事をするということが大事なのです。たとえば、ヨーロッパのデザイナーなどには、まだまだアメリカの人間のほうが顔が利《き》く。そこへ若手を放り込んで、鍛えてもらう。しかし、具体的なビジネス上の損得だけでなく、ともかく異質と出会うこと。大事なのはこれで、そこに新しい大きな可能性が広がる。正解は一個じゃないんだ」

話を聞いていると小菅の意気込みが伝わってきたが、少しもどかしい。小菅という経営者の「ヘソ」がつかまえられなかった。そこで問いをがらっと変えた。数年前まで経済学者や評論家はそろって「日本の経済は成熟化した」「もの離れだ」などと論じていた。ところが、当時の日本は市場が拡大し、好景気であった。いま、なぜ好景気なのか、と問うた。

「やはり経済学者やエコノミストが誤りを犯したんじゃないですか。日本には先を暗く見ないとインテリじゃないような雰囲気がある。私は終始一貫、未来は明るいと信じています。俺のおじいちゃんより親父が偉いし、親父より俺のほうが偉い。そして俺より息子のほうが偉い。そうじゃないと、人間退化することになってしまいますからね」

これは面白い。かなりポジティブな「小菅文明史観」である。それにしても、八〇年以来低迷が続いていたデパートも売り上げを伸ばし、成熟したはずの市場が拡大する。きっかけがあるはずではないか。それはいったい何なのか。

「やはり、成熟したなりに、そこから新しい分野が出てきたんじゃないですか。とにかく、動いているうちに新しいものが出てくるわけで、『ニーズ』の時代は終わっても、『ウォンツ』を探せば、これはけっこうある。新しい分野がいくらでも開ける。そういうものですよ」

その後も私は様々な角度から質問をぶつけたが、どうも嚙み合わなかった。小菅は、生え抜きの四代目経営者であるせいか、露骨な表現を好まなかった。真っ向から斬り結ぶといったやり方ではなく、スマートな表現を大事にする流儀に思われた。

そんな小菅から見ると、おそらく私は何とも無粋《ぶすい》でセンスのない、そして恐ろしくもの分かりの悪いインタビュアーに見えたに違いない。小菅は、いずれにしても、私がこれまで出会ったことのない「新人類経営者」であった。

インタビューの四年後、九三（平成五）年、様々な事情により小菅は社長を解任された。この嚙み合わなかったインタビューは、ある意味、心に残っている。

# 偉くならないことです。偉くなったら先が見えなくなる。偉くなるということは、いままでのシステムのなかで偉くなるということなのです

堤《つつみ》清二《せいじ》（セゾングループ創業者）

堤清二

一九二七（昭和二）年、東京都に生まれる。父は西武鉄道創業者・堤《つつみ》康次郎《やすじろう》。東京大学卒業後、父の秘書を経て西武百貨店入社。セゾングループを形成し、リゾート、ホテル経営にも乗り出す。辻井《つじい》喬《たかし》のペンネームで、小説家や詩人としても活躍。二〇一三（平成二五）年没。

「これから二一世紀までの一二年間は、いやでも興味を掻《か》き立てられる。わくわくするほど興奮する世紀末だ、と私はいっているんです」

私が堤清二を取材したのは一九八八（昭和六三）年、あと一二年で二〇世紀が終わるという時期であった。堤は、いたずらっぽい、躍るような笑みを浮かべていった。

「一九世紀の世紀末は、日本にとって明治維新に当たります。当時は欧米という追いかける目標や模範のある世紀末でした。ところが今度はそれがない。一八～一九世紀に、これが人類の進歩を象徴する証《あか》しだと自慢してきた西洋文化が、明らかに衰退し始めている。そういう世紀です」

進歩に対する信仰が崩れた、ということだろうか。私は堤に確かめた。

「そうです。封建制から近世、近世から現代は、科学技術は必ず進歩し、その科学技術の進歩を助ける社会経済体制を作れば、必ず人間は幸せになれると信じられていました。しかし、疑うことなく受け継がれてきたその信仰が、崩壊しようとしているのです」

堤清二は、今後一二年間に訪れるであろう混乱や混迷を語った。しかし、ではその世紀末がわくわくする、面白いとは、いったいどういうことなのであろうか。

「だって、未来が見えているときは、みんなに見えているわけですから、なかなか抜け出るわけにはいきません。けれど、混乱と混迷の時代には、ちょっとでも先が早めに見えた人が勝ち。ビジネスマンとしては、これほど面白い時代はありません」

では、「ちょっとでも人より先を見る」ためにはどうすればいいのか。

「偉くならないことです。偉くなったら先が見えなくなる。偉くなるということは、いままでのシステムのなかで偉くなるということなのです。システムがガラガラと変わり、模範も基準もないという時代には、在来のシステムで偉くなっていたら、先が見えなくなる」

温和な表情、豊かな口調とは裏腹に、内容はシビアである。そういえば以前、堤が「経営者は壊し屋だ」と語ったことがある。その言葉の持つ意味を、あらためて確かめてみた。

「そう、『自己破壊』はますます有用です。自己破壊のモチベーションを持たない組織は、できた瞬間から官僚化します。特に、いまの若い人たちは、恐ろしく官僚化する性質を持っている」

堤が率いるセゾングループは「自己破壊しつつ」どんどん拡大し続けていたが、「今年から宗旨替えをした」という。さらに付け加えて、「グループの会社の数を減らそう、なるべく圧縮しようと考えています」という。それはなぜなのか。

「だいたい、種まきが終わったからです。種まきが終わったので、あとは何本かの木を育てる。育つべき芽が、ちゃんと育てばいいのです。私は頭が悪いから、可能性がありそうなところ全部に種をまいた。一〇〇ほど芽が出たうち六〇本ほどが育てば良い。そういう運命にあるならば、運命に従うのが、野心を持たない、非権力的な生き方だと思うのです」

そう語る堤の目はやはりいたずらっぽく、わくわくしているように見えた。

第六章

# 柔軟リアリスト型

# CLEAN、HONEST、BEAUTIFUL

丹《に》羽《わ》宇《う》一《いち》郎《ろう》（伊藤忠商事社長）

丹羽宇一郎

一九三九（昭和一四）年、愛知県に生まれる。名古屋大学法学部時代は学生運動のリーダー。その経歴のため就職試験にことごとく落ちたが、唯一、伊藤忠商事に採用される。経営から退いたのち、二〇一〇（平成二二）年から中国大使、一五（平成二七）年から日本中国友好協会会長を務める。

私が丹羽宇一郎という経営者の凄さを実感したのは、丹羽が社長に就任したときのことだ。

「丹羽さん、経営者はいかにあるべきでしょうか」と、私は問うた。

すると丹羽は、「CLEAN、HONEST、BEAUTIFUL」といい切った。

正直、私は「そんな経営者がいるのか」と思った。しかし丹羽はそれをやってのけたのだ。

一九九八（平成一〇）年、社長就任当時、アジア通貨危機によって、伊藤忠商事は経営破綻説が流れるほど切羽詰《せっぱつ》まっていた。丹羽にいわせると、「稼いでも稼いでも、利益が流れてしまうのです。ケガをして血が流れ続けているのと同じ」だったという。「絆創膏《ばんそうこう》を貼るだけではダメだ、ウミを全部出し切らなければならない」と、丹羽は決意する。

約四〇〇〇億円の特別損失を公表。一一〇〇社あった系列会社のうち三五〇社を清算。全社員の約一五パーセントに当たる二三〇〇人をリストラした。

「一回みんな頭を丸めろ、思い切っていこう、ということです。給料は半分になるか、なくなるかもしれない。それでも自分たちがやってきた結果の負債なのだから、他人に処理をお願いするわけにはいかないんだということを、社員たちに宣言しました」

「大手術」に当たり丹羽が最も大事にしたことは、徹底した情報の公開だ。つまり、経営を透明にすること。社員、株主に対して情報を徹底公開し、自分がしようとしている大手術を説明し、納得してもらう。

そのうえで丹羽は、社員に対して「三つの過剰を解消する」と宣言した。「設備投資の過剰」「不良債権の過剰」「人員の過剰」である。

いままではバブルを謳歌《おうか》した、「宴会経済」だった。その分だけ、今度は苦しみを甘受しなければならない。そうして伊藤忠商事は、一挙に三つの過剰をなくすことに成功した。二〇〇〇(平成一二)年に約三〇〇〇億円の特別損失を計上、しかし翌〇一(平成一三)年には過去最高の七〇五億円の純利益を稼ぎ出した。丹羽はこの驚異的な復活劇を振り返っていう。

「大手術をするとき一番危ないのは、実は社長の権限が大きすぎ、暴君になってしまう恐れがあるということです。暴君にならないよう、誰かがチェックしなければならない」

チェックさせる意味で、丹羽は労働組合の書記長らと定期的に会った。また監査役会の他、若い学者やアナリストを集めて、経営の方向が間違っていないか意見を聞いた。

「社員はだいたいヒラメですから、本当の情報が経営者に上がってこなくなる。私も伊藤忠の社長になって五年、権限が強くなり、社員は意見をいわなくなった。自分で分かります」

丹羽は就任したとき「六年の任期だ」と明言した。取材当時、あと一年という時期であった。

「社長というのは神様みたいにならなくてはいけないのです。私欲ゼロ、私心ゼロ、全部ディスクローズしていなくてはならない。透明な経営の中心にいるのですから、自分自身が透明でなければならないのは当然です。これはね、六年以上やっていたら、たまりません」

その言葉どおり、丹羽は六年で社長をきっぱりと退いた。就任時に自らが宣言した、「CLEAN、HONEST、BEAUTIFUL」を見事に貫いたのである。

# 靖国参拝反対どころか、僕は拝みもしないし、賽銭もあげない

渡邉恒雄《わたなべつねお》（読売新聞主筆）

渡邉恒雄

一九二六（大正一五）年、東京都に生まれる。四九（昭和二四）年、東京大学文学部卒業。翌年、読売新聞社に入社。政治部記者として活躍し、九一（平成三）年、社長に就任。九六（平成八）年、読売ジャイアンツオーナー。会長などを経て読売新聞グループ本社代表取締役主筆。

渡邉恒雄。読売新聞社社長、会長を長年務めた。いまでは数少ない、戦争を知る先輩ジャーナリストである。渡邉とはたびたび会い様々な話をしたが、あらためて聞いてみたいテーマがあった。「靖国参拝」である。二〇〇五（平成一七）年、雑誌の対談で、それが実現した。

「靖国参拝反対どころか、僕は拝みもしないし、賽銭《さいせん》もあげない」

参拝に反対か、と確かめると、渡邉は、そう吐き出すようにいった。なぜか。

「東條英機《とうじょうひでき》は許せない。というより、あの軍という存在そのものの、野蛮さ、暴虐さを許せない。それに、勝つ見込みなしに開戦し、敗戦必至となっても本土決戦を決定し、無数の国民を死に至らしめた、軍と政治家の責任は否《いな》めない」

渡邉は一九四五（昭和二〇）年四月、東大在学中に徴兵され、軍隊生活を送っている。

「軍隊に入ってから、理屈なしに毎朝、毎晩、ぶん殴られ、蹴飛《けと》ばされ、ひどいもんですよ。口のなかがぼろぼろに切れるもんだから、味噌汁は水みたいに味がなくなっちゃう。食うものは、一食が茶わんに山盛りのコーリャン飯、一杯だ」

私にも戦争体験はあるが、軍隊の経験はない。その理不尽《りふじん》さは、体験した者にしか分からないことであろう。渡邉は、当時のニュース映画で観た、特攻隊出撃の場面が忘れられないという。

「勇んでいくどころか、みな首を垂れ、悲哀を感じさせる姿としか思えなかった。暴力による強制です。こんなことを、軍の幹部や政治家は、みんな肯定し、『一億玉砕、本土決戦』といっていたわけです。僕は、そういう戦争責任者が祀《まつ》られているところへ行って、頭を下げる義理は、まったくないと考えている。犠牲になった兵士たちは別だ」

対談当時、次期総理候補だった安倍晋三《あべしんぞう》を、渡邉は「いま一番の強硬論者」と評した。

「安倍さんに会ったとき、こういったんです。『あなたと僕とではまったく相容《あいい》れない問題がある、それは靖国の問題だ』と。戦争体験も話し、『僕は参拝することは許せんのだ』と」

そして渡邉は、戦争に反対しながらもA級戦犯として刑死した広田弘毅《ひろたこうき》、早期終戦を画策した東郷茂徳《とうごうしげのり》の名を挙げた。

「A級戦犯のうちから、たとえば、広田や東郷のような人を除くべきだ。そういうことを、日本人は、これから独自に歴史検証すべきだ」

そう渡邉は力説した。日本がきちんとあの戦争を総括すべき、歴史検証すべきという点は、私もまったく同感である。

それにしても渡邉はエネルギーにあふれている。その秘訣を聞いてみた。

「寿命を三年だと思えばいい。あと三年しかないから、やるべき仕事を全部やる。三年たってまだ生きていたら、あと二年。二年たって生きていたら、あと一年。そうやっていると、八六か八七。そうしたら田原さんを呼んで、米寿《べいじゅ》のお祝いをして、八八歳で引退して昇天する」

そういって呵呵大笑《かかたいしょう》した渡邉であったが、九〇歳を超えた現在も、読売新聞グループ本社代表取締役主筆。昇天どころか、現役である。

# 人間は追い詰められれば追い詰められるほど、過去の成功体験をたどって解決したくなるものです

鈴木《すずき》敏文《としふみ》（セブン-イレブン・ジャパン社長）

鈴木敏文

一九三二（昭和七）年、長野県に生まれる。五六（昭和三一）年、中央大学経済学部卒業。六三（昭和三八）年、ヨーカ堂（現イトーヨーカ堂）入社。七八（昭和五三）年、セブン-イレブン・ジャパン社長。九二（平成四）年、イトーヨーカ堂社長。現在はセブン&アイ・ホールディングス名誉顧問。

「毎日、昼食にセブン-イレブンの弁当を食べる」といっていた経営者がいた。もちろん、セブン-イレブン・ジャパン社長の鈴木敏文だ。「コンビニ弁当」がおいしいのは、ときどき利用する私にも分かる。しかし、いくらなんでも飽きないか。私は率直にそう聞いてみた。

「飽きたら変えなきゃならない」。鈴木はこともなげにそういった。私は、「さすが流通の神様だ」と唸った。そこに情熱や執念のような、すさまじいものを感じたのだ。

鈴木は、一九六三（昭和三八）年、社長の伊藤雅俊《いとうまさとし》に、いまでいえば「ヘッドハンティング」され、ヨーカ堂（現イトーヨーカ堂）に入社した。そして七三（昭和四八）年、アメリカのサウスランド社と提携し、日本でセブン-イレブンを始めた。つまり、日本に「コンビニ」を広めた先駆者である。

九六（平成八）年、イトーヨーカ堂社長、セブン-イレブン・ジャパン会長の鈴木にインタビューした。バブル崩壊後、両社ともに経営は堅調と見られていたが、鈴木は謙虚だった。

「二年連続減益ですから、決して褒《ほ》められる経営じゃないと思っています。企業は、ヒト、モノ、カネができたときが一番危ないというのが、私の持論です。世の中が変わったのに、どうしてもバブル時代に成功したやり方で問題を解決しようとするんですね。『この三年間で、世の中が変わったんだよ』といい、社員に理解してもらうのに、たいへん時間がかかりました」

鈴木の「人を動かす要諦」は何なのだろうか。

「贔屓目《ひいきめ》かもしれませんが、当社の社員たちはみんな真面目《まじめ》で意欲もある。ところが、人間は追い詰められれば追い詰められるほど、過去の成功体験をたどって解決したくなるものです。であれば、上にいる人間が、進むべき方向性をどれだけ示し徹底させられるかだと考えます」

そんな社員たちに「成功体験に頼ってはダメだ」と分からせるには、どうすればいいのか。

「どうしてそうするのか、なぜかを、とことん追究する。筋が通らなければ、『それじゃダメだからこうしなさい、責任は私にあるから』と、責任所在を明確にする。それしかないです」

セブン-イレブン・ジャパンやイトーヨーカ堂で有名なのは、毎週火曜にグループ会社のトップや幹部が集まる「業務改革委員会」だ。ここで力を入れているポイントも「過去の成功体験を捨てさせること」だと、鈴木はいう。それだけ「成功体験を捨てる」ことは難しいのだ。

「セブン-イレブンを始めるとき、伊藤雅俊社長に『お前がいい出しっぺなんだからやってみろ』といわれて経営することになった。でも自分が人事担当者ですから、お手盛りでイトーヨーカ堂から人を連れていくわけにはいきませんので、新聞広告で流通の素人を集めた。私は、これが成功のもとだったと思っています。素人だから、従来の流通業の矛盾《むじゅん》に対して、『おかしいぞ』という意見が一致するわけです。

私は、いまでもセブン-イレブンの幹部たちに、『われわれは素人集団だからここまで何とか来れたんじゃないのか、いま君たちは半玄人《はんくろうと》になりかけてるぞ』と、よくいっているんです。玄人になったら、なお危ない」

さすが、毎日、自社の弁当を食べる経営者である。鈴木の熱量に、私はもう一度唸った。

# 大きくなるってことは、本当はいいことじゃない、怖いことなんです。なぜなら、お客さんが見えなくなってしまう

伊藤雅俊《いとうまさとし》（イトーヨーカ堂名誉会長）

**伊藤雅俊**

一九二四（大正一三）年、東京都に生まれる。四四（昭和一九）年、横浜市立経済専門学校（現横浜市立大学）卒業。三菱鉱業（現三菱マテリアル）入社。五八（昭和三三）年、ヨーカ堂（現イトーヨーカ堂）を設立、取締役社長に就任。九六（平成八）年、名誉会長。

伊藤雅俊。敗戦直後、母親と兄が営んでいた洋品店「羊華堂《ようかどう》」を手伝い始める。東京・北千《きたせん》住《じゅ》の蕎麦屋《そばや》の跡地に建てた店は、敷地わずか二坪、戸板一枚がすべてだった。伊藤は、その二坪を、日本を代表するスーパーマーケット「イトーヨーカドー」に成長させたのである。

一九八六（昭和六一）年、初めて会った伊藤は、きちんとそろえた膝の上に両手を載せ、猫背気味に座っていた。どんなに不躾《ぶしつけ》な質問をしても、律義《りちぎ》な商店主が客に接するように、穏やかな笑みを絶やさなかった。私は、次第に揶揄《やゆ》されているのではないか、と疑い、それをぶつけてみた。すると伊藤は、やはりにこやかにこう答えたのだった。

「田原さん、大きくなるってことは、本当はいいことじゃない、怖いことなんです。なぜなら、お客さんが見えなくなってしまう。応対が粗雑になってしまう。いいことなんかありませんよ。いまうちなどは、つんのめった状態で『どうしよう』と、後悔やら不安やら、そればかりですよ」

その二年後、再び取材した伊藤は、相変わらず穏やかな笑みを浮かべていた。私はイトーヨーカ堂のスローガンの一つ、「基本の徹底」の「基本」とは何か、と伊藤に問うた。

「一番大事なことは、お客さんから出発しようということでして。ところが、お客さんからの発想でサービスを維持するというのは、実は非常に難しいことなんです。結婚にたとえると分かりやすいと思うのですが、結婚した当初の新鮮な、充実した生活が、だんだんと色あせた手抜きの生活に……。ともかく、開店のときはどの店もハツラツとして、充実しています。それを維持、持続するのが至難の業《わざ》でしてね。

忙しいときは大丈夫なんです。暇なときが難しい。暇なときに店が腐るのですよ。サービスも悪くなるし、商品管理もダメになります」

そう控えめな口調で、しかし、はっきりいった。伊藤は厳しいこと、辛辣《しんらつ》な言葉を口にするときほど、穏やかで、恥ずかしげな表情になり、口調も控えめになる。それが伊藤の流儀なのだ。

しかし、暇なときに「店が腐る」とは、素人には逆に思えるのだが……。

「暇だと、ついつい店長やマネージャーが奥に引っ込んで事務仕事をする。しかし、店というのは責任者が店頭でお客さんのサービスに一生懸命でないと、絶対ダメなんですよ。腐ってしまう。腐らせないで、暇なときも活気のある、ハツラツとした店にし続けるということは、大変なことなんです。本当に難しいのは、維持し続けることでしてね」

そして伊藤は、「小売業とは維持業」だと付け加えた。油断すると、店が「腐る」ということは分かった。伊藤は、そうしてダメになる店の「病気」を早期発見できるのだろうか。

「店というのは腐るものなんですよ。腐るのが当たり前なんです。特別の原因があるのではなく、並大抵のことをしていたら腐るのです。お客さんというのは来ないのが当たり前、来ても買わないのが当たり前。一度買っても、二度、三度と買わないのが当たり前です。『当たり前ではない』ことをしていただこうとしているのだから、並大抵のことではダメなんです」

伊藤は、すさまじい事柄を、にこやかに笑って、さりげない口調でいった。

# 日本人の八割はローカル経済で食べているのだ

冨山和彦《とやまかずひこ》（経営共創基盤創業者）

冨山和彦

一九六〇（昭和三五）年、和歌山県に生まれる。八五（昭和六〇）年、東京大学法学部卒業、ボストン コンサルティング グループ入社。二〇〇三（平成一五）年、産業再生機構の業務執行最高責任者（ＣＯＯ）を務める。〇七（平成一九）年、経営共創基盤（ＩＧＰＩ）設立。

冨山和彦、経営共創基盤代表取締役CEO。冨山は二〇〇三（平成一五）年、産業再生機構の設立に参画し、数々の企業の再生支援やコンサルティングの経験を持つ。私は彼のことを単なる経営者だというよりも、「日本全体のコンサルタント」だと思っている。日本の現状や未来について疑問があるとき、私は冨山に何度も時間を作ってもらった。

冨山は、「日本が元気を取り戻すためには、グローバルよりローカル経済圏の立て直しが重要だ」と論じている。日本の場合、実はグローバル経済由来のGDPは、三割程度、雇用でいえば約二割。「日本人の八割はローカル経済で食べているのだ」という。

しかし、グローバル企業が成長する余地はないのか。

「グローバル経済圏は、競争がとても激しい世界。その世界で戦うとなると、グローバル企業は世界で一番条件の良いところで作り、一番条件の良いところで売るようになる。いわゆる『空洞化』です。グローバルな会社が必要とする人材も、高度すぎる、という問題があります」

であれば、割合としても高いローカル経済を活性化させよう、それが冨山の持論だ。では、日本のローカル経済には、現状でどんな問題があるのか。

「ローカル経済における産業の多くは労働集約的なサービス産業で、労働生産性が低い傾向にあります。アメリカの約半分、フランスにさえ負けます。バカンスをいっぱい取るフランス人にさえ負けるんです。でも、労働生産性が低いということは、チャンスでもあります。上げる余地が十分あるということであり、それだけ賃金が上昇する可能性があるわけですから」

冨山の会社は、実際に、岩手県でバス会社を経営している。

「バス会社の経営を始めて一二年。ゼロからスタートして、五〇〇〇人ほどの規模になっています。われわれにとっての最大の経営課題は、常に労働生産性を上げ、賃金を上げることでした。賃金を上げて労働条件を良くしないことには、運転手が集まらないからです」

冨山は、「東京でくすぶった日々を過ごしている人たちは、地方のほうがよほど豊かな生活を送れる」という。たしかに、賃金さえ良ければ、家賃も生活費も安い地方のほうがいいに違いない。

そして、都会の大企業に勤めている多くの若者は、企業から自分が評価されておらず、何のために働いているのか分からない、と不満を持つ……。

「いまの大企業では、仕事が細分化され、分業制になっているため、仕事の意義を見出しにくい。一方、グローバルな戦いでは、飛び抜けて優秀な人間しか活躍できない。二〇年、三〇年と不満を溜め、居酒屋で文句をいっているのは、あまりにも不幸です。だったら、うちのバス会社に来てもらったほうが絶対にいい。私どものバスは東日本大震災のときにも獅子奮迅《ししふんじん》の活躍をしました。世のため、人のために働いているという実感を持てる仕事です」

いつもクールな冨山が、珍しく熱くなったことが愉快だった。冨山は、都会のサラリーマンに地方の優良企業への転職を斡旋《あっせん》する、「SELF TURNプロジェクト」という事業も行っているという。冨山と語ると、私はいつも日本の将来が明るく見えてくる。

# 終身雇用には終身雇用のいいところがあります。社員が失敗しても、その失敗が人と同時に残り、二度と繰り返されなくなる

御手洗《みたらい》冨士夫《ふじお》（経団連会長）

御手洗冨士夫

一九三五（昭和一〇）年、大分県に生まれる。六一（昭和三六）年、中央大学法学部卒業、キヤノンカメラ（現キヤノン）入社。九五（平成七）年、社長。二〇〇六（平成一八）年、経団連会長、キヤノン会長に就任。一二（平成二四）年、再び社長に就任したあと会長に専念するが、二〇（令和二）年に三度目の社長に就任。

御手洗冨士夫。インタビューした二〇一四（平成二六）年当時、七八歳。御手洗は、〇六（平成一八）年、キヤノンの社長を退き会長に就任。しかし、一二（平成二四）年、再び社長に復帰していた。御手洗は若々しく、とても元気である。その秘訣を聞いてみた。

「特に気を付けていることはないのですが、あえていえば早寝早起きでしょうか。毎朝四時頃起きています。『日本経済新聞』の電子版を読んで、七時前には会社に着きます。役員が集まり、七時四五分くらいから始業の八時三〇分まで意見交換する。これは私が始めたのではなく『朝会』というキヤノンの伝統です。そのとき、毎朝読む新聞がネタになるのです」

御手洗は、「ちなみにキヤノンに役員専用フロアはありません」と付け加えた。面白い。ホンダもやはり、役員室を作らなかった。

「役員食堂もないので、私もみんなと同じ食堂を使っています。私が並んでいても、誰も順番を譲ってくれない」

御手洗は笑った。「特別扱い」も「年寄り扱い」もされない。案外そんなところが若さの秘訣なのか。しかし、いくら元気とはいえ、「いつまでトップでいるのか」という批判もある。

「批判はよく分かります。日本では、組織のトップが『上がりポジション』になっている傾向があるからではないでしょうか。トップが数年で引退し、次々に代われば、みんな仲良くやっていける面はあるでしょう。それは島国である日本国民の知恵かもしれません」

しかし、世界的に見ると日本のやり方はスタンダードではなく、「一定期間、務めなければ、人脈を築けない」というのが御手洗の考えである。それは政治にも通じる考えであろう。

私は、御手洗について強く印象に残っていることがある。一九九九（平成一一）年の大不況の際、「終身雇用を守る」と明言したことだ。

「キヤノンUSAの社長時代、一九七四年の大不況の影響で、四〇名を解雇せざるを得ませんでした。アメリカなら解雇しやすいと思うかもしれませんが、一生懸命やっていた人を解雇することほど辛いことはないと悟りました。あんな思いは二度としたくない、と思ったのです。

批判もありますが、終身雇用には終身雇用のいいところがあります。愛社精神という文化的なコーポレートガバナンスが醸成されやすい。そして教育をしやすく、それが蓄積できます。社員が失敗しても、その失敗が人と同時に残り、二度と繰り返されなくなる」

御手洗は、アメリカ勤務が二三年と長かったからこそ、終身雇用や年功序列のメリットを客観的に見ている。最後に、日本の「ものづくり」について今後も期待できるか、と聞いた。

「いま日本の工場で働いている社員は、極めてレベルの高い人たちばかりです。現場からアイデアが豊富に出て、製造現場のイノベーションにつながっていく。日本の工場自体は自律的な成長が可能ですし、今後ものづくりは、まだまだ期待できると思います」

断言した御手洗は力強かった。一六（平成二八）年、御手洗は社長を辞めたが、なんと二〇（令和二）年、三度目の社長に就任、世間を驚かせた。が、御手洗自身は、まったく気にしていないのかもしれない。

新卒の一括採用は、二〇世紀の大量生産の時代には効果的だったかもしれない。しかし二一世紀は知的集約社会。様々な才能や経歴を持った人に来てもらう必要があります

宮内義彦《みやうちよしひこ》（オリックス社長）

宮内義彦

一九三五（昭和一〇）年、兵庫県に生まれる。五八（昭和三三）年、関西学院大学商学部卒業。日綿實業（後のニチメン、現双日）入社。六四（昭和三九）年、オリエント・リース（現オリックス）入社。八〇（昭和五五）年、代表取締役社長。会長を経て、現シニア・チェアマン。

二〇一四（平成二六）年六月、オリックスの会長兼グループＣＥＯを退任し、シニア・チェアマンに就任した宮内義彦。私は、その数ヵ月後、肩の荷を下ろした宮内にインタビューした。久しぶりに会った宮内は、肌艶《はだつや》もよく元気そうだ。なぜ会長を辞めたのか、と聞いた。

「幸か不幸か、私はまだ元気です。ただ、元気だからとやっていると、いきなりドンと来る危険性がある。

会社というものは継続が大切です。徳川家康《とくがわいえやす》は元気なうちに席を譲って駿府《すんぷ》へ移りました。私も元気なうちにバトンタッチしたほうがいいと判断しました」

小泉純一郎内閣では総合規制改革会議の議長を務め、抵抗勢力と激しくやり合ってきた宮内。私は、その宮内に、これからの日本企業のあり方、働き方について聞いてみたかった。

まず新卒の学生は、海外では「この仕事をやりたい」と「就職」するが、日本では「この会社に入りたい」と「就社」する傾向が強い、このことをどう考えるか。

「そうした風潮は変えるべきでしょう。新卒の一括採用は、二〇世紀の大量生産の時代には効果的だったかもしれない。しかし二一世紀は知的集約社会。様々な才能や経験を持った人に来てもらう必要があります。みんな新卒で採用するのでは、ズレてしまいます」

安倍晋三内閣の産業競争力会議では、一部上場企業に社外取締役を入れることを法律で決めようとしたが、結局、決まらなかった。経団連の反対があったのだが……。

「コーポレートガバナンスは経営者を駆り立てるシステムですから、経営者に聞けば『いまのほうがいい』というに決まってます。ガバナンスを必要とする投資家に聞くべきでした」

アメリカでは半分以上が社外取締役だから、経営者をクビにできる。社外取締役がいない、いたとしても少ない日本企業では、経営者をクビにしたくてもできないわけだ。

私は宮内に、聞きにくいことを聞いた。

「オリックスで宮内さんにものをいえる役員はいないんじゃないですか」

すると宮内は、「いないですね」と笑った。そして、「でも、クビの心配がないわけではない。当社は委員会設置会社ですから」という。どういうことか。

「委員会設置会社には、監査役がいません。代わりに、指名委員会、報酬委員会、監査委員会という、決定権を持つ独立した三つの委員会があります。当社では構成員の全員が社外取締役で、私は入っていない。彼らが『私は要らない』といったら、私はクビです」

面白い仕組みだが、監査役を置く監査役設置会社より厳しいため、委員会設置会社はまだ少ないという。どうして広がらないのだろうか。

「ガバナンスをしっかりするのは、経営者にとって厳しいことですからね。でも、本当はガバナンスが厳しいほうが経営者を守ることになるんです。『君、しっかりしなさい』といわれたら、これはまずいと思うじゃないですか。そういうふうに対話しながら自分のやっていることを見てもらったほうが安全です」

自らの引き際も冷静に判断する、宮内らしい台詞《せりふ》であった。

# 企業というのは、本当は従業員のものというより社会のものだと思うのです。その意識が足りない

諸《もろ》井《い》虔《けん》（秩父セメント会長）

諸井虔
一九二八（昭和三）年、埼玉県に生まれる。五三（昭和二八）年、東京大学経済学部卒業、日本興業銀行（現みずほ銀行）入行。六七（昭和四二）年、秩父セメント（現太平洋セメント）入社。七六（昭和五一）年、社長。八六（昭和六一）年、会長。地方制度調査会会長などを歴任。二〇〇六（平成一八）年没。

諸井虔にインタビューしたのは、リクルート事件の影響が色濃く残る、一九九〇（平成二）年のことだ。事件に関係した財界人たちが「自粛」し、日本経済がまとまりのない漂流状態になっている、そう私は感じていた。

諸井もまた、未公開株を譲渡された一人である。あのリクルート事件とは、いったい何だったのか。やはり聞かずにはいられなかった。

「株を上場する前にいろんな人が持ち、結果として値上がりすれば、株を持った人たちの利益にもなる。会社としても、それなりの信用力が付けられるということで、そのときはあまり問題だと思っていなかった、正直いって……。普通のことを普通にやっていたつもりで、それが問題だったのかもしれませんが」

諸井は慎重に考えながら、答えてくれた。あえてリクルート事件について聞いたのは、金余り現象から、株や土地などへの投資が殺到し、いわゆる「マネーゲーム」「バブル経済」という言葉が氾濫《はんらん》していたからだ。その病巣が露呈したのがリクルート事件ではなかったか。その私の考えを、諸井は否定しなかった。

たとえば自動車会社が安く品質のいい自動車を作ろうと努力する、これは健全な競争である。しかし、こうした企業が本業ではなく、土地や株を買う「財テク」に走り、経済のバブル化に向かってしまうのは、なぜなのか。

「経営者の意識としては、同じ競争なんですよ。日本の場合、『競争相手に勝てればいい』、それがインセンティブになって日本の企業を強くしたことは間違いない。しかし、企業経営の一番大事な根本の何か……、根本のね、何かを忘れてるんじゃないのかな」

その「根本の何か」とは、何なのか。アメリカやヨーロッパの経営者にはあるのだろうか。

「二一世紀に向けて考えていかなければならない大きなポイントだと思うのですが、アメリカやヨーロッパの企業と、競争の仕方が、ちょっと違うのじゃないかな。たとえば欧米の企業だったら、同業の他社が何かやると、そのもの真似をするのは死ぬほど悔しいんじゃないですか。もの真似で儲けたってしようがない、と」

なるほど、オリジナリティがなければ企業として恥だ、ということか。

「はい。そうじゃないと企業としてのアイデンティティがないわけだ。しかし、日本の場合、そんなことをまったく考えず、何でも真似してやっていく。だから『合成の誤謬《ごびゅう》』ということが起こる。つまり、自分のやることが、社会にどう影響を与えるかということをまったく考えていない」

では日本の企業には、いったい何が足りないのか、と問うた。

「足りないというより、日本の企業が従業員のものだという意識にあるのでしょう。企業というのは、本当は従業員のものというより社会のものだと思うのです。その意識が足りない」

二一世紀も二〇年が過ぎた現在、日本の企業は、日本は、どれほどに変わっただろうか。諸井の、穏やかな口調ながらも厳しい言葉が、いまも耳に響く。

大切なのは、何となく自分たちのやっていることが世の中のためになるという、いわば「場」を提供することだと、私は考えているのです

椎《しい》名《な》武《たけ》雄《お》（日本アイ・ビー・エム社長）

椎名武雄

一九二九（昭和四）年、岐阜県に生まれる。五一（昭和二六）年、慶應義塾大学工学部（現理工学部）卒業、アメリカ・バックネル大学に留学、五三（昭和二八）年に卒業。日本アイ・ビー・エム（ＩＢＭ）入社。七五（昭和五〇）～九二（平成四）年まで、代表取締役社長を務めた。

椎名武雄が日本アイ・ビー・エムに入社したのは一九五三（昭和二八）年。この時代、いま私たちが当たり前だと思っているネット社会は、ＳＦの世界の話だったに違いない。

椎名にインタビューしたのは九〇（平成二）年。当時、コンピュータはまだ誰もが当たり前に使う商品ではなかった。自動車や家電なら、経営者も社員も、自社が生産している商品について分かるだろう。しかし、コンピュータは「お化け商品」で、どんな化け方をするのか、一般人には見当がつかなかった。

「変な質問ですが、椎名さんは、コンピュータというお化け商品の正体、本質というのか……分かっているのですか？」と、私はいの一番に聞いた。

「コンピュータの正体が分かっているかどうかっていえば、分かりっこないですよ」

椎名は明るく笑い飛ばした。では、コンピュータ会社の社長は、何をする人なのか。

「私はよく新入社員にいうんです。『一〇年先のＩＢＭを描いてくれなんていわれるが、私が社長として描けるのは、せいぜい五年先ぐらいのものだ』と。ましてや三〇〜四〇年先のＩＢＭについて偉そうに何か描いたって、間違っているに決まっている。なぜなら三〇〜四〇年前、つまり私が会社に入ったとき、今日のこんなことを、私はもちろん誰も考えなかったからです」

パソコンが世に出るなんて、想像もつかなかったということか。

「そうそう。これだけの集団を預かり、大切なのは、何となく自分たちのやっていることが世の中のためになるという、いわば『場』を提供することだ、と私は考えているのです。

私はよくいうんだけど、うちはコンピュータ会社であってほしくない。五〇年前、うちはコンピュータはおろか、パンチカードシステムも事業のほんの一部だった。肉のスライサーや秤《はかり》を作っていたんです。もし五〇年後もコンピュータにしがみついていたら、いま現在も、肉のスライサーにしがみついているようなものです」

それにしても、どんな化け方をするのか、メーカーもつかみ切れないということか……。

「新聞社の方にコンピュータの使い方についてで話をうかがったとき、実に面白かった。『ファイルにした過去の記事を探し出すのが大変だが、その作業が楽になるのではないか』『電話機一台で宅配できるようになるのではないか』……いろんな発想が次から次へと出てきて、私はたまげちゃった。

ここがコンピュータの面白いところで、使い方や展開については、お客さんがどえらいことを考えてくれるんですよ。ユーザーが何を欲していらっしゃるかを一生懸命考え、付いていけば、われわれコンピュータ屋は、飯が食えるんです。こうした体験を何度も重ねることで、人間がくだらん束縛から逃れて、自由な発想や活動が可能な世界に移行できるのではないかという感じを、われわれは持ち始めているんです」

束縛から逃れた、自由な発想や活動――ネット社会のいま、多くの若い起業家たちが、まさにそれを実現しているではないか。椎名はおおいに喜び、豪快に笑っているに違いない。

# あることを徹底的に理解したら、全体のことも分かるようになるものなのです

## 八城政基《やしろまさもと》（新生銀行初代社長）

八城政基

一九二九（昭和四）年、東京都に生まれる。戦争で母親の故郷京都に疎開。五四（昭和二九）年、京都大学法学部卒業後、東京大学大学院進学。エッソ石油（現ＥＮＥＯＳ）やシティバンク・エヌ・エイなど外資系企業を経て、二〇〇〇（平成一二）年、新生銀行代表取締役会長兼社長に就任。

新生銀行の会長兼社長の八城政基に取材をしたのは、「ハゲタカファンド」が日本のメディアをおおいに賑わせていた二〇〇〇（平成一二）年のことだった。新生銀行は、その「ハゲタカファンド」の象徴とされた。なぜか。

新生銀行は、日本長期信用銀行（長銀）を母体として成立した。長銀は一九九八（平成一〇）年一〇月に経営破綻し、国有化された。国は長銀再建のために公的資金約八兆円を投入。しかし、二〇〇〇（平成一二）年三月、欧米の金融会社が設立したニュー・LTCB・パートナーズへ、わずか一〇億円で一括譲渡され、六月に新生銀行として再スタートした。つまり、血税を八兆円も使った銀行を、外資がたった一〇億円で買ってしまった。その国民の怒りが「ハゲタカファンド」へ、そして新生銀行へと向かったのだ。

その新生銀行トップ八城について、ある逸話を聞いていた。新生銀行には、ほとんどの元長銀行員が残っている。八城は、その行員たちと接しているうち、「長銀というのは倒産するために経営をしてきたのではないか」と思ったという。

「とにかく驚いたのは人事関係です。そもそも『頭取』という言葉がおかしいじゃないですか。どうして銀行では、頭取なのですか。頭取というと、社長より偉そうに見えるのですよ。だから、頭取という呼び方から廃止」

八城の肩書は「社長」である。そして、八城をさらに驚かせたのは人事異動だったという。

「幹部一人ひとりに話を聞くと、ほぼ二年に一回ずつ異動している。本人たちは異動の意味が分かっていない。しかも、その異動の仕方に論理的な一貫性がないのです。二年は、専門的知識を身に付ける時間としては短すぎる。やはり私の考えでは、専門的知識と経験を得て、誰にも負けないという自信を持てる仕事を覚えなくてはいけないのです。

自信を持たなくては、自分の意見をいえるはずがない。『一葉落ちて天下の秋を知る』というでしょう。あることを徹底的に理解したら、全体のことも分かるようになるものなのです」

つまり、プロフェッショナルを育てていないということだ。これは長銀に限らず、日本のほぼすべての企業に当てはまることだろう。多くのホワイトカラーは、ジェネラリストとして養成される。だから、自信のない幹部たちばかりがいる銀行になってしまう。

――それは銀行だけでなく、日本企業全体への批判に聞こえた。

八城は大学卒業後、一貫して外資系企業に勤務してきた。だからこそ、その異質性を客観的に指摘できるのであろう。

外資の銀行、八城が以前勤務したシティバンク・エヌ・エイも、法人部門か個人部門か、金融商品かITかと、三〇代半ば頃には専門性が決まっていくものだという。日本の企業では、部長や課長という肩書を持っていても、必ずしもプロとしての仕事ができるとは限らない。

「ハローワークで、『私は部長でした』『課長でした』としか答えられない。労働市場では通用しない、ということが会社を辞めて初めて分かるのです。それが一番気の毒でしてね」

その後二〇年。まだまだ日本には企業の「課長」や「部長」しかできない人が多い。

## 商売人というのは単なるアイデアリスト、理想主義者じゃない。ときには涙を呑んで、アイデアを抑え込まなきゃならんこともある

**関本忠弘《せきもとただひろ》**（日本電気社長）

関本忠弘

一九二六（大正一五）年、兵庫県に生まれる。四八（昭和二三）年、東京大学理学部卒業、日本電気（ＮＥＣ）入社。八〇（昭和五五）年、社長に就任。「二・五次産業」という概念を唱えるなど、日本電気をパソコンメーカーとして飛躍させた。二〇〇七（平成一九）年没。

日本電気社長・関本忠弘にインタビューをしたのは、一九八八（昭和六三）年。「円高台風」による大苦境から一転、日本が好景気に覆われた年だった。日本電気も八七年度の売上高が二兆三〇四四億円と絶好調。まず、円高台風を克服し、逆に追い風とし得た理由から問うた。すると ハイテク技術を駆使した合理化、効率アップ、海外への積極的な工場建設などの理由を挙げ、関本は「メッシュ・グローバリゼーション」という言葉を口にした。

「この言葉を、私は最近、強調しているのです。これまでは『リニア・グローバリゼーション』だった。が、これからは『メッシュ・グローバリゼーション』でなくてはダメだ、とね」

関本には何度もインタビューしているが、次々に新しい造語が登場する。C&C、T字型経営、V字型人間、そしてこのときのメッシュ・グローバリゼーション。その意図とは？

「これまでは、日本＝東京を中心として各国に工場や海外法人が延びていった。あくまで日本中心、日本発の線としての広がりだった。しかし、これからは海外の法人がお互いに連絡を取りながら、縦横、網の目＝メッシュ状に延びていく……。たとえばアメリカでメモリーチップを作り、それをシンガポールに持っていって組み立てる」

そして関本は、「メッシュ・グローバリゼーションが国際的に認知されるかどうかは、日本電気の経営のユニークさ、それゆえの業績が、国際的にどれほど広く高く認知されるかにかかっている」と、語調を強めた。

雄弁な関本に聞いてみたいことがあった。パソコンのＯＳはマイクロソフト、マイクロプロセッサーもメイド・イン・USA。日の丸OSは出てこない。これを日本最大のパソコンメーカーとしてどう考えるのか。

「なぜ要るか、という問題です。パソコンで一番大事なことは、なるべく多くの流通ソフトが使えること。ソフトがなければハードがどんなに優れていても、どうしようもないわけです。新たな開発で互換性をなくしたら、お客様のソフト＝財産が使いものにならなくなってしまいます。

私は、これが企業文化だと思うのですよ。商売人というのは単なるアイデアリスト、理想主義者じゃない。ときには涙を呑んで、アイデアを抑え込まなきゃならんこともある」

関本は、またもや「二・五次産業」なる新たな言葉を口にした。

「私は、われわれは二次産業ではなく、『二・五次産業』でなければ生き残れないといっています。二次産業というのは、品質の高い製品を安く作る。二・五次産業というのは、三次産業で武装された二次産業、つまりソフトで武装化された工業です。お客様のニーズ、価値観、習慣、好み、すなわち文化を徹底的に研究し、それを付加価値として内蔵した製品を作る。

そのためには、中央集権ではない、限りない柔軟性、柔らかさを持ったメッシュ・グローバリゼーションこそが大事なのです。私は、このジャパニーズ・イングリッシュは、きっとオックスフォード英語辞典か何かに載る、と信じています」

そう繰り返し、強調した。この底抜けに「ネアカ」なところが、関本の強みなのである。

# 社長就任と同時に、「マネシタ電器」をやめましょうと、社員たちに宣言したんです。デジタルの時代には、「マネシタ電器」はできない

中村邦夫《なかむらくにお》（松下電器産業社長）

中村邦夫
一九三九（昭和一四）年、滋賀県に生まれる。六二（昭和三七）年、大阪大学経済学部卒業、松下電器産業（現パナソニック）入社。二〇〇〇（平成一二）年、社長に就任。〇六（平成一八）年、会長に就任。一二（平成二四）年、会長を退任し相談役に就任。

松下電器産業（現パナソニック）が、四三一〇億円という創業以来初の大幅赤字に陥ったのは二〇〇一（平成一三）年のことだった。その「どん底」で会社を引き継ぎ、「V字回復」させたのが、中村邦夫社長である。

インタビューした〇三（平成一五）年度の中間期の営業利益は七九六億円と大幅な黒字を記録した。中村は「破壊と創造」をスローガンに掲げ、組織改革を敢行。当時の松下電器産業は、DVD、冷蔵庫、エアコンなど続々とヒット商品を出した。その秘訣はどこにあるのか。

「かつては開発から発売までの時間が長かった。スピードアップさせて、新製品を早く世に出していこうじゃないか、と。そのために開発に従事する技術者を増員し、いまでは四万人近くいます。そうした力を重点事業に振り向け、急激に力が上がってきているわけです」

かつて松下電器産業は、他社のヒット商品を真似《まね》して作る「マネシタ電器」と揶揄《やゆ》されていた。それが、大変身を図ったのだ。私は、中村に「失礼ながら、私はどうしても『マネシタ電器』の印象が抜けなかった」と正直に告白した。そして、「『マネシタ電器』のままではダメだ、という意識を持っていたのですか」と聞いた。

怒られるかと思ったが、中村の答えは、びっくりするくらい真っ正直なものだった。

「ありました。それで、社長就任と同時に、『マネシタ電器』をやめましょうと、社員たちに宣言したんです。デジタルの時代には、『マネシタ電器』はできないんですね。いまはトップ企業があっという間に市場シェアの七割、八割を取ってしまう時代ですから、後から真似して追従しても、赤字が増えるだけなんです」

　本当に松下電器産業は変わった、と思う。強くなった一番のポイントはどこか、と聞くと、

「やはり『マネシタ電器』をやめたことですね」と答えた。

「社員たちもみんな『マネシタ電器』であってはいけないと分かっていたと思います」

　中村の、恥を隠さない、率直な性格が伝わってきた。私は、中村に確かめたいことがあった。松下電器産業には松下幸之助《まつしたこうのすけ》というカリスマがいた。しかし、中村は「いまの経営にはカリスマはいらない」と発言している。あらためて「カリスマは必要ないですか？」と聞いた。

「強烈な個性を持ったトップが会社を引っ張っていくというケースがありますし、そうしたやり方が成功した時代もありました。しかし、一人ひとりの社員が元気よく、能力を最大限に発揮して働くためには、いまはやはり、カリスマ経営ではダメですね。社員が育ちません」

　カリスマがいたら、社員が自分で物事を考えなくなるということか。

「ええ、最近の社員は、ただ『俺のいうことを聞け』と理屈に合わないことをいっても、簡単には従いません。カリスマは邪魔だと思いますね。やはり、一人の人間が生み出す知恵というものには限界がありますから。それにカリスマ経営のデメリットは、一人が間違えば、全員が間違えてしまうということでしょうね」

　草葉《くさば》の陰《かげ》で松下幸之助は、どんな顔をしているだろう。いやきっと、穏やかな笑顔を中村に向けているのではないか。

人生のなかでいくつもの仕事をやる。そのとき面白いと思う、やりたい仕事をすればいいんだ。そういう時代になってきた

小林陽太郎《こばやしようたろう》（富士ゼロックス社長）

小林陽太郎

一九三三（昭和八）年、ロンドンに生まれる。五六（昭和三一）年、慶應義塾大学経済学部卒業、ペンシルベニア大学留学を経て、五八（昭和三三）年、富士写真フイルム入社。六三（昭和三八）年、富士ゼロックスに転じ、七八（昭和五三）年、社長に就任。二〇一五（平成二七）年没。

小林陽太郎は、一九七八（昭和五三）年に富士ゼロックスの社長に就任。インタビューした九〇（平成二）年、既に一二年間、社長の座にあった。私は、ちょうど日米ビジネスマンのシンポジウムに参加したあとであり、経営や雇用の日米の違いについて、小林に意見を聞いてみたいと考えていた。

たとえば、アメリカの企業経営者は社会貢献にも熱心だが、従業員のレイオフなどはあっさりとやってのける。対して日本の経営者たちは、相当苦しくても解雇はしない。これをどう考えればいいのか、と私は聞いた。

「基本的には、アメリカも日本も、経営者にそれほどの違いはないと思いますよ。レイオフがいいとは思いませんが、アメリカでは、ある程度利益を上げないと、株主たちが逃げてしまうのでやむを得ない。しかし、レイオフに対して社会のサポート体制もできており、言い方は悪いが、やりやすい。それに対して日本は、たしかに、あまりやらない。しかし、日本の経営が本当の意味で従業員重視になっているかというと、僕は疑問を突き付けざるを得ない」

従業員一人ひとりの個性を伸ばし、生き甲斐《がい》があると思える働き方ができているのか――。小林は「人本主義＝従業員重視の経営」と自画自賛される日本的経営に、明らかに異議を抱いているのだ。

さらに小林は、「運命共同体的経営は変わらざるを得ない」と口にした。

「運命共同体的経営は、素晴らしい成果を上げてきた。その意味では世界に冠たる一つの経済システムを作ったのだといえます。ただ、その背景には悲しい戦争体験があって、個々の不満はあれ、みんな安心して食べられる社会が一番だというコンセンサスがあった。けれど、国は富み、企業も富んだ。では個人はどうだ、という時代になった。国とか企業に比べて、個人が満足する部分がちょっと少ないんじゃないか、もっと個人にシフトすべきじゃないか、と」

大きな差がつかない代わりにリスクもない、それが日本企業の強さ、すなわち「運命共同体的経営の強さ」だった。しかし、小林はそれを否定しているのだ。

「これまでは、人間あれもこれもできるものじゃない、『一点集中でやりなさい』という意見が常識だったのが、いくつかのことをパラレルでやったっていい。人生のなかでいくつもの仕事をやる。そのとき面白いと思う、やりたい仕事をすればいいんだ。そういう時代になってきた」

つまり、企業は「墓場まで面倒を見るよ」というのではなく、「わが社はこういう会社で、こんなことができる。それを面白いという人間は入社し、思い切り自分をぶつけてみろ」ということか。惰性《だせい》でいつまでもいる人たちに用はないのか、と私は聞いた。

「嫌だ嫌だと思いながら、惰性でい続けるというのは、会社にとっても、その人にとっても、生産的ではないでしょう。そんなことをやっていたら、両方ともダメになる」

小林の言葉を振り返れば、実にもっともだと思う。いまの日本を、小林の言葉どおり「運命共同体的経営」から大転換したと見るか？　小林はどう感じるだろうか。

**日本のように経営者と従業員がお互いに企業の長期的な将来のために信頼関係をもって協力し合うというのは絶対に必要だし、そういう企業が強くなるのは当然だ**

**行天豊雄《ぎょうてんとよお》**（東京銀行会長）

行天豊雄

一九三一（昭和六）年、神奈川県に生まれる。五五（昭和三〇）年、東京大学経済学部卒業、大蔵省（現財務省）入省。八四（昭和五九）年、国際金融局長に就任、翌年のプラザ合意に立ち会う。財務官、顧問を経て、八九（平成元）年、退官。東京銀行会長、内閣官房参与、財務省特別顧問を歴任。

行天豊雄。大蔵省（現財務省）国際金融局長や財務官などを歴任し、国際金融戦争の最前線で闘った。退官後は東京銀行会長を務め、二〇〇〇（平成一二）年にはネット銀行「ｅＢＡＮＫ」の設立に関わるなど、日本の金融業界に貢献した。

その行天にインタビューしたのは一九九一（平成三）年、いわゆる「損失補塡《ほてん》」など証券業界のスキャンダルが噴出している時期であった。私はまず、一連の金融不祥事を、行天の欧米の友人たちはどう見ているか、と問うた。

「みんなも遠慮がありますから、そうずけずけとはいいません。しかし、前々から日本の株式市場に猜疑《さいぎ》の目を向けていた連中は、『やはりそうだったか』と。それから、いままで日本の銀行や証券会社があまりにもアグレッシブに世界中に出ていったことを、快く思っていなかった人もいます。そういう人のなかでは、今度の事件で『それ見たことか、やはり胡散臭《うさんくさ》いところがあった』という見方も多いと思いますね」

そういう見方に対して、行天はどう説明、あるいは釈明をしたのだろうか。

「日本の市場の構造や企業のカルチャーというものには、欧米とは違うところがあったし、いまもある。そのなかには直すべきところも多いが、同時にいいところもたくさんある、と」

日本的経営というか、日本的な経済の仕組みの良さというのは、たとえばどんな点なのか。

「多少抽象的な言い方になりますが、企業の構成者、いろいろなものがありますが、その構成する各部分の信頼関係を大事にするという点では、絶対、日本のやり方は間違っていないと思うんですよ」

しかし、そこがアメリカから閉鎖的だ、馴《な》れ合いだと批判される、と私は返した。

「信頼関係があるということが、馴れ合い、あるいは知っている者同士だけの話になってしまい、知らない者にとっては閉鎖的、場合によっては差別的になることはいけないだろうと思います。が、日本のように経営者と従業員がお互いに企業の長期的な将来のために信頼関係をもって協力し合うというのは絶対に必要だし、そういう企業が強くなるのは当然だと思います」

日本的経営の残すべき点、直すべき点があることは、私にもよく分かる。それにしても、この金融不祥事に際して、経済界からはっきりした姿勢の表明も説明も、まったくないのだ。ますます「閉鎖的」な印象を強めるのではないか。

安全保障の分野で「平和ボケ」という言葉があるが、経済界にも同じ現象があるのか……私は行天に自分の疑問をぶつけた。

「それはまさに、ルールがはっきりしていなかったということでしょう。いまは自由ではないから、ルールなんかなくたっていいんです。それでうまく行っていたわけですからね。規制緩和に結び付く話ですが、自由に競争させながらも、こういう被害が起こるのを防ぐためにはどういうルールを作ったらいいか、という方向に議論が行くべきだろうと思います」

自由ではないからルールがなくていい社会、それが日本なのだ――。行天は、「それは国際的に見れば、歪《いびつ》な、直さなくてはならない社会なのだ」と繰り返し強調したのだった。

# 日本に夢がないなんていわれます。しかし、社会に夢を求めるなんて了見違い。夢は、自分の心のなかに持つものです

堀紘一《ほりこういち》（ボストン コンサルティング グループ社長）

堀紘一
一九四五（昭和二〇）年、兵庫県に生まれる。六九（昭和四四）年、東京大学法学部卒業、読売新聞社入社。三菱商事を経て、ボストン コンサルティング グループ代表取締役社長を務めたあと、二〇〇〇（平成一二）年ドリームインキュベータ設立。〇六（平成一八）年、同社代表取締役会長。

堀紘一は、古い友人だ。堀の人生はなんともドラマティックである。東京大学法学部を卒業し、読売新聞社に入社。四年半勤め、三菱商事に転職。ハーバード大学留学をはさみ、三菱商事を辞めて、ボストン コンサルティング グループに入る。その日本代表まで務めたが、やはり辞めた。

私は堀に、「向上心ゆえというのは分かるが、なぜ辞めたのか」と聞いた。

「カウボーイみたいなものです。西へ西へと、西部開拓のフロンティアというか、まだ見ぬ土地へと、何か次にあるんだろうなと思ってしまうのですね。読売新聞社も三菱商事も良い会社でしたが、チャレンジが少なかった。私はもっともっとチャレンジをしたかった。

要するに人間は皆、何かを恐れているんです。タイプ分けすると、失敗を恐れるタイプと、僕みたいにチャレンジしなくなる自分を恐れるタイプ、両方いるんだと思います。あのまま社長を務め続けていたら、たぶん僕自身の変化がなかったと思う」

堀は、ボストン コンサルティング グループ退社後、ドリームインキュベータという会社を設立する。インキュベータは「孵化器《ふかき》」という意味。つまり、投資やコンサルティングを通じて「夢を孵化させる」会社である。

起業後、堀の年収が三億円から一気に四〇〇〇万円になったと聞いたとき、私は正直あきれた。しかし、その後ドリームインキュベータは東証一部に上場し、四〇〇〇億円の企業価値を付けるまでになった。

「僕はドリームインキュベータという会社のおかげで、すごくいろんなことを学んだし、すごくいろんな失敗をしたし、酷《ひど》い目にも遭った。でも、その代わり逆にいいこともたくさんあった」

こう堀はいうが、当然ながら、ただやみくもに「チャレンジ」を追い求めているだけではない。

「ドリームインキュベータ社の社是《しゃぜ》の一番目は『人々の役に立つ』なんです。人の役に立たないものは、人が相手にしてくれません。人が相手にしてくれないビジネスなんてやっていても、絶対、繁栄しないわけです。それでは十分条件とは何か。社是の二番目でもある、『利益を創出する』です。経営者には、会社を長期継続的に発展させる義務があるわけです」

そして、社名の「ドリーム＝夢」が社員のあいだで共有されていなければならないという。

「いま、日本に夢がないなんていわれます。しかし、社会に夢を求めるなんて了見《りょうけん》違い。夢は、自分の心のなかに持つものです。自分の心に夢がないのに、日本に夢がないなどというのは勉強不足です。だから、私はとにかく夢を持とうじゃないか、一人ひとりの個人の夢と会社の夢を重ねるようにしようと、いっています」

そう語る堀自身が、またも次の「ドリーム」を持っているらしい。

「会長になったので、いま心ひそかに、ちょっと違うことを始めようかと考えているんです」

いったい次は何を始めようというのか。堀は一一歳年下だが、私もまだまだ負けてはいられないと、話をするたびに思うのだ。

# いい会社というのは、社員から取締役になり、常務、専務、副社長、社長になって、会長になって辞めていく。そういう会社であれば、社長を中心として、みんなが働く

山地《やまじ》進《すすむ》（日本航空社長）

山地進

一九二五（大正一四）年、東京都に生まれる。五一（昭和二六）年、東京大学法学部を卒業、運輸省（現国土交通省）に入省。総理府人事局長、総務庁事務次官を経て、八五（昭和六〇）年五月、日本航空に転じ、一二月、社長に就任。九一（平成三）年、会長に就任。二〇〇五（平成一七）年没。

山地進は、穏やかな微笑を絶やさない紳士である。一九八五（昭和六〇）年、総務庁（現総務省）から日本航空社長に転じた。

インタビューをしたのは、九一（平成三）年、会長に就任直後である。まずは、官僚から日本航空へ来たときの感想、カルチャーギャップを聞いた。

「カルチャーギャップは、むしろない。なさすぎるというと、いいすぎかな。日本航空に来て、あらためて行革でやろうとしていたことが、当たり前だと感じました。また日本航空も、それを当たり前のこととして、やろうとしていたのです」

官僚的、というべきか、極めて優等生的答弁である。はっきりいって面白くない。では、日航を当たり前の会社、ノーマルな会社にするために、まず変えるべきところは？

「やはり、いい会社というのは、社員から取締役になり、常務、専務、副社長、社長になって、会長になって辞めていく。そういう会社であれば、社長を中心として、みんなが働く。求心力があり、活力がある。そうしなきゃならんと思いますね」

なるほど、日航は特殊法人だったので、外部から社長や会長が入り込んでくる。

「役員の任命、特に社長や会長になると、政府のご意向が非常に強く働く。その首のすげ替えは、外で決まる。社員から見ると、個々の社員の運命も外で決められるというわけで、求心力が生じてこない。ですから社員たちは、社長室を見ないで、永田町、あるいは霞が関を見て暮らす。これは企業のあり方としては、どう考えても変則だろうと思いますよ」

この台詞《せりふ》を、その元「霞が関」の官僚がいうのである。私は、やっと話が面白くなってきたと、にんまりした。

　ところで、当時アメリカの航空業界では、自由化で一時二〇〇社以上あった航空会社が次々に倒産、残った会社も巨大エアラインの傘下に入るという、混乱と寡占化《かせんか》が起きていた。対して、日本の航空業界はどうなるのか。

「日本ではアメリカのように、急激に自由化して寡占化したから何とか揺り戻す、というやり方は、なじまないと思います」

　しかし、日米構造協議でアメリカは、日本は自由化するといいながら、行政が規制している、と文句をいっている。アメリカ流をやってみるのも良くないだろうか。

「日本人というのは一回、何かを作ったら、あるいは表明すると、訂正するのが下手ですね。法律でも、規則でも、一回作ったら、なかなか直さない。対してアメリカ人は、法律だって作ってうまく行かなきゃ直せばいいと考えている。議論していても、平気で、ああそうかと、パッと意見を変える。柔軟性があるというんですか」

　思い切って変え、ダメならまたやり直すのか、日本流にジワジワ規制をゆるめるほうがいいのか。どちらがいいのだろうか。山地がいうように「柔軟性」があってもいいと思うのだが。

「日本のやり方はそんなに間違っていないと思いますよ」

　山地は、あの人当たりの良い笑みを浮かべて、そう答えた。

# 二階に上がってハシゴを外す——つまり指揮官も一緒に上がって退路を断つ。要するに「背水の陣」という意味なのです

上山保彦《うえやまやすひこ》（住友生命保険社長）

上山保彦

一九二九（昭和四）年、ペルーに生まれる。四〇（昭和一五）年、母親の故郷である福井県武生市（現越前市）に引き揚げる。京都大学卒業後、五三（昭和二八）年、住友生命保険入社。八六（昭和六一）年、社長に就任。九二（平成四）年、会長。生命保険協会会長なども務めた。

「私は南米ペルーの生まれで、そのせいか、大陸的だと人からよくいわれるんです。あまりクヨクヨしない、どことなくおおらかだと。その代わり、緻密《ちみつ》さがないわけです」

そういって上山保彦は、その評判どおり、大陸的に明るく笑った。

上山は一九八六（昭和六一）年、五六歳で住友生命保険の社長に就任。大手生保では初めての昭和生まれの社長だった。取材したのは、八九（平成元）年のこと。上山に、社長になって何か変わったことはあるか、と問うた。

「社長というのは死ぬまで働かなきゃいけないなという感じですね。泣きごとをいえない、病気にもなれない。たとえ病気になっても、通用しない。死なきゃダメなんです。この点が専務時代とはだいぶ違います。社長は、とにかく弁解というものができない。する相手がいないのだから、弁解のしようがありません」

「死なきゃダメ」とは何ともすさまじいが、そんな上山の支えになっているのは『孫子《そんし》』であるらしい。上山は「経営戦略の必読書」といわれる『孫子』の研究者としても有名なのだ。

『孫子』研究のきっかけは何だったのだろうか。

「ずいぶん昔、大阪の営業所長になり、部下を五〇人ばかり持つことになったのです。そこで、部下を動かすにはどうしたら良いかと、考えましてして。部下とは営業の女性たちで、これがなかなか難しいんです」

二〇代から七〇代の女性五〇人。当時、上山は二八歳だったという。それは苦労したことだろう。

「至難の業《わざ》です。そこで、『孫子の兵法』を探し出したわけです。孫子は孔子《こうし》や孟子《もうし》から借りたりしていますから、ちょっとグレードが低いんです。しかし、目先の成果や、戦いの勝利というか、功利的な面が若干あり、現場にはいいのではないかと思ったのです」

「孫子の兵法」は、権謀術数《けんぼうじゅっすう》、つまり謀略の兵法だといわれているが……。

「違うんです。よく読むと、『孫子』は基本を説いているのです。そしてそこから変化する。『風林火山』など、まさにそうでして、とにかく基本尊重なのです。『孫子』には基本があり、変化をするので、相手が謀略と感じるわけです。仕掛けるほうがごまかしてやるということではないんです」

上山は「基本尊重」を強調した。その方針で、業界一位の日本生命保険、二位の第一生命保険に「仕掛けて」いくのだろうか。住友生命保険をどう舵取りしていくのか。

インタビューの最後に、また「孫子の兵法」が登場した。

「二階に上がってハシゴを外す――これも孫子の兵法で、一般に使われる、だまし、たぶらかしの意味ではないのです。自分が上がる、あるいは自分、つまり指揮官も一緒に上がって退路を断つ。要するに『背水の陣』という意味なのです。自分をギリギリのところに追い詰める。逃げちゃいかん、ごまかしや弁解はいかん、という意味なのです」

おおらかだが緻密さはない、と自らを笑う上山は、しぶとい闘将のようである。

# 敗者復活ができない環境じゃダメですね。企業というのはサラリーマン仲間の集まり、カリスマもいなきゃ天才もいない

川上哲郎《かわかみてつろう》（住友電気工業会長）

川上哲郎
一九二八（昭和三）年、東京都に生まれる。海軍兵学校第七七期を経て、五二（昭和二七）年、一橋大学卒業。住友電気工業入社。八二（昭和五七）年、代表取締役社長就任。九一（平成三）年、代表取締役会長。その後、同社の相談役、名誉顧問。

川上哲郎に会って話を聞きたいと思っていた。理由は二つあった。一つは住友電気工業という会社の存在感だ。一九八六〜八七（昭和六一〜六二）年、円高の影響で多くの企業が暗転するなか、地味な存在だった住友電気工業が堅調さを示し、目立ち始めたのだ。調べてみると、同社は強《したた》かに多角化を進め、また円高に備えたかのように、内需市場の拡大に成功していた。もう一つは、過去のインタビュー記事で、川上が、経営者には珍しく、ことさらに自分を目立たせないようにしている印象を受けたことだ。

その川上に会った。穏やかな表情、口調。自然体の柔軟性と強靱《きょうじん》さを感じさせる。私は、まず社長として心がけていることを聞いた。

「『公私の別』をはっきり自分で持つ。この点だけは心がけています。また、社長の思いつきで仕事をやらないこと。もし何かアイデアが出たら、若い連中に投げてみる。あくまで社員のワン・オブ・ゼムとしてね。そして若い連中に受けて、それは面白いと賛同して具現化してくれるのなら、それはそれでいいですよ」

あくまでも社長は「ワン・オブ・ゼム」といい切る。いかにも川上流の答えだ。

「間違っても、『川上カラー』なんてものは出さない。シャッポ（帽子）はできるだけ軽いほうがいいと思います。だって経営者なんて何年かで代わっていくもので、経営者が代わっても社員は働いているわけだし、会社は存続しているのですからね」

そして「自由な雰囲気を醸し出すのが、何より大事」だともいった。「徹底主義、絶対主義というのは危険で……嫌い」だという。その背景には、やはり戦争体験があった。川上は終戦のとき、一七歳。海軍兵学校にいた。鬼畜米英、国のために死ねと教育した教師たちが、敗戦後はあっさりと宗旨替えした。教師たちに、いや国家に、時代に裏切られた世代……。川上より六歳年下の私にも、その気持ちは共感できた。

だから、「七〇年前後の大学紛争に対しても私は肯定的」だと川上はいった。住友電気工業としても、全共闘の闘士を採用しているという。私は驚いた。大企業は学生運動経験者を採用しない、というのが当時の不文律だったからだ。

「わが社には、それぞれに闘った経験を持っている人間がずいぶんいます。彼らの、一つの目的に対しての情熱、自分の身体を張って闘うという気概……これを私は評価しているんですよ。異分子、異質の要素をどこまで許容できるかが、即、企業の度合いだといえると思います」

しかし、「異質」が多く、多様であればあるほど、束ねる経営者の気苦労は大変だろう。

「いくら悩んで考えても、私なんて才能もない人間に、発想なんて出てきやしない。やれることをやるだけです。私程度の人間、いや、もっと優れた人間が社会にごろごろしているのだから、私に何があっても困ることはない。だから気が楽」――そう川上は健やかに笑った。

「敗者復活ができない環境じゃダメですね。企業というのはサラリーマン仲間の集まり、カリスマもいなきゃ天才もいない。みんなチョボチョボで失敗を繰り返しながら果敢にチャレンジしていく。それができる環境づくりが私の役割だと思っています」

# 無理をしているときには、無理をしているという自覚があるから、逆にヘマをしないものです

相川《あいかわ》賢《けん》太郎《たろう》（三菱重工業社長）

相川賢太郎

一九二七（昭和二）年、長崎県に生まれる。四七（昭和二二）年、東京大学入学。卒業後、三菱重工業長崎造船所（当時西日本重工業）入社。同造船所原動機部門設計部長、所長を務める。常務、副社長を経て、八九（平成元）年社長に就任。九五（平成七）年、会長。

三菱重工業が大変貌している――そんな情報を得たのは、一九九〇（平成二）年のことだ。六四（昭和三九）年、東京オリンピック開催の年、三菱重工業の売上高は三八二〇億円で、民間企業第一位であった。しかし八七（昭和六二）年度の経常利益は、円高不況もあり、五八四億円で五八位と低迷。「時代に乗り遅れた」といわれても仕方のない状態だった。ところが八九（平成元）年度は、経常利益一四〇四億円で二〇位、大復活といっていいだろう。

三菱重工業のどこが「大変貌」し、何が復活につながったのであろうか。私は当時の相川賢太郎社長を取材した。

相川は長崎県生まれ、長崎造船所の原動機部門で設計部長を務めた。造船の受注が激減すると、原動機部門が海外の大型発電所建設を次々と請け負い、売り上げを伸ばす。イラクのハルサ発電所については、「座して死を待つわけにはいかない」と、赤字覚悟の入札だった。

「赤字の見積もりを出して、それを黒字にする。そこが頭の使いどころ、面白いところじゃないですか」と、相川は、会心の悪戯《いたずら》を楽しむように笑った。資材の軽量化、コストパフォーマンスの良い資材探し、工期の短縮……考え得る限りのコストダウンを図った。結果、七〇億円の赤字見積もりで始めた工事は、八〇億円の黒字となった。

相当なリスクもあった。しかし、「リスクから逃げず、ただしリスクが現実になるのを未然に防ぐべく万全の手を打つ。勝負どころは、ここですよ」と相川はいった。

「この会社が沈むことはないと安心しているときには、かえってヘマをする。ところが、無理をしているときには、無理をしているという自覚があるから、逆にヘマをしないものです」

無理をテコにした発電所建設の仕事で、三菱重工業は、コストダウンに大きく寄与した「モジュール工法」なるものも開発した。これまでの常識を打ち破る工法だという。

「危機に際しては、みんなが必死になる。必死に頭を働かせる。すると、凄い発想が次々に出てくるものです。だから危機のマネジメントはやりやすい。要するに、みんなをいかにその気にさせるか。大事なのはここなんです」

相川はニヤリと笑っていった。八九（平成元）年に社長になったときは、なんと「全事業所黒字」をぶち上げた。いやはや、無理難題ではないか……。

「全事業所が黒字になりました。『全事業所を黒字にせい』というと、危機感を持つんです。危機感を持てばできるんですよ。『うちは人材が豊富だから、いくらでも代わりはいるんだ』と、それくらいいわなければ、誰もその気になりません。人間の考え方を変えさせるのが、一番難しい。『しかし、君がやり遂げてくれるなら、それに越したことはない』と。すると、必死になって考え方を変えますよ。そして一度変わると、会社にとって凄い財産になる」

そして相川は、「企業が生き残るために変革、変身するというのは、そのくらい厳しい、困難なことなのだ」と強調した。

もっとも、その台詞が相川の口から出ると、何とも明るく、陽気に聞こえる。これこそが、三菱重工業が大変貌した最大の要因なのであろう。

# どんな分野でも規制でがんじがらめになっている。これを全部撤廃していく。それこそ「楽市楽座」のように

**堀義人《ほりよしと》**（グロービス創業者）

堀義人

一九六二（昭和三七）年、茨城県に生まれる。京都大学工学部卒業、ハーバード・ビジネス・スクール修了、ＭＢＡ取得。住友商事を経て、九二（平成四）年、グロービス設立。九六（平成八）年、グロービス・キャピタルを設立。グロービス経営大学院学長。

堀義人が住友商事を辞め、グロービスを起業したのは一九九二（平成四）年、彼が三〇歳のときのことである。堀は、同世代を代表する起業家であり、幾度も話をしてきた。グロービスはコンサルティング会社であり、ベンチャーキャピタルでもある。

二〇一一（平成二三）年、東日本大震災後の農業や漁業の復興について話を聞くと、堀はこういい切った。

「僕は復旧、復興より、体質改善が必要だと思っています。政府からのお金を頼りにして、補償や分配で漁業や農業が再開されるのではいけない。そこで体質を改善し、強くすることが必要なのです」

では、この厳しい状況でどうすれば「体質改善」できるのか、と私は聞いた。

「僕は三つ要件があると思っています。一つ目はスピリット。起業家精神、魂。精神っていうのは、可能性を信じて新たなものを開拓していく気持ちです。『どんなことがあっても構わない。俺はこういうものを作るんだ』という魂ですね。これは伝播《でんぱ》していくんですよ。たとえば戦争に行って帰ってきた人は、『命があってありがたい。死んでいった戦友に対して、俺は生き残ったのだから、やるんだ』という精神で、戦後の復興を成し遂げたわけですね。今回も、同じようなマインドを持てるか、持てないかです」

このことは、よく理解できた。私自身は出征はしなかったが、そういう人間を何人も見てきた。なかでも、戦争を生き延びた「魂」を持ち、「攻め」の政治をした最後の政治家は、中曽《なかそ》根康弘《ねやすひろ》だと思う。その後の政治家は、みな「守り」に入ってしまった。

　では、残りの要件は何か？

「二つ目は規制改革です。どんな分野でも規制でがんじがらめになっている。これを全部撤廃していく。それこそ『楽市楽座』のように、です。そして、三つ目が教育とベンチャーキャピタルですよ。教育の部分は、われわれグロービスが一生懸命多くの人間の育成をしていますから、そこにリスクキャピタルがしっかり入ってくることです。新たな体質になって、国内で競争が始まっていく。『なんであいつばっかり、こんなビジネスを見つけたんだ』と、われもわれもと起業する。こういう体質改善をしなければ何も変わりませんね」

　このとき私は、堀に震災後について聞いたのだが、復興に限らず、どんな時代、どんな状況でも当てはまることであろう。つまりは、日本全体を「ベンチャー体質」にすることが大事なのだ。

「そう変えるにはどうしたらいいか」と聞くと、堀はこう答えた。

「一番重要なのは、国のトップがいうことです。首相が『これからの時代は大企業に頼るんじゃなくて、ベンチャーが最も重要だ。農業や漁業に関しても新しい発想が必要で、グローバルに伸びていくような企業が欲しいんだ。お前たちががんばれ。お前たちによって日本は変わっていくんだ』と。こういうメッセージを発信すればいいんですよ」

　震災から一〇年近く経つ。首相、そして政治家たちは、この言葉をどう聞くのか。

# 人間、時間、空間……大事なのは間なんです。人と人の間、時と時の間、空と空の間。間に興味を持った人間を求めたい

木暮剛平《こぐれごうへい》（電通会長）

木暮剛平

一九二四（大正一三）年、群馬県に生まれる。四七（昭和二二）年、東京大学経済学部卒業、電通入社。八五（昭和六〇）年、社長に就任。八九（平成元）年、国内広告会社として初の売上高一兆円超えを達成。九三（平成五）年、会長就任。二〇〇八（平成二〇）年没。

「間《かん》を探《さぐ》り、際《さい》を埋《う》める。」間際人募集——一九八七（昭和六二）年三月二日、新聞各紙にこんな広告が載った。広告主は電通。いつもは広告の仕掛け人、黒子《くろこ》である電通が、自らの広告を打ったのだ。七月一日にシンクタンク「電通総研」を創立することになっており、そのための人材募集広告なのである。

私は電通を幾度も取材し、「電通とは会社全体がシンクタンクのような存在だ」と評した。蓄積された膨大なノウハウを使い、万博からサッカーワールドカップ、そしてオリンピックまで、数多くのイベントを仕切るからである。

その電通が、なぜわざわざシンクタンクを創設するのか。私は当時の社長、木暮剛平を直撃した。木暮は社長就任から一年一〇ヵ月。私は社長業の感想を聞いた。電通という大所帯を率いるのは、忍耐がいるのではないか、胃が悪くなったりしてはいないか……。

「ないですな。夜もよく寝られます。要するに楽天的なんでしょうね」

木暮は、そう答えて豪快に笑った。実にエネルギッシュ、まさに電通的である。

社長としては、現況の円高デフレの「苦難の時代」を苦慮しているのではないか、と聞いた。

「いや、広告業界に関しては、見通しは明るい、そう私は見ているのです。いままで日本は輸出主導型だった。それを、ともかく内需拡大型にしなければならないわけで、ということは国内を活性化するしかない。当然、広告活動も積極的にしなければならないわけだ」

木暮は自信たっぷりに語った。では、その時期のシンクタンク設立にどういう意味があるのか。私はシンクタンク電通総研について持論を述べた。電通社員は、毎日のように企業や役所に通い、様々な企画に関わり合う。こんなすさまじく巨大な情報パイプ、人材パイプを持っている機関は、他にない。これこそ、巨大なシンクタンクではないか。わざわざ間仕切りをして「シンクタンク」を創設したら、両得ではなく、両損になるのではないか。

「単なる学究的シンクタンクを作るつもりは毛頭ありません。動くシンクタンク、生きたネットワークの核を作るのです。たしかに電通全体が情報パイプかもしれませんが、大事なことは、そのパイプやネットワークをどう活用するか、ということです。

われわれが考えているのは、あくまでも動的なシンクタンク。内外の様々な才能を混ぜ合わせて、新しい発想、アクション、イベントを作り出していく。そのためのプロデューサーになるべきだ、と」

木暮は力説した。「間際人」について、木暮はこう説明してくれた。

「人間、時間、空間……大事なのは間なんです。人と人の間、時と時の間、空と空の間。間に興味を持った人間を求めたい。それから、学際、国際、業際……。ともかく、間と際に興味を持ち、際を超えて間をつなぐ……というのが、電通総研のテーマです」

電通総研は、その後、電通に吸収合併、再独立、またも吸収合併という歴史をたどった。そして、現在は電通グループの一部門として、確かな存在感を示している。木暮が目指した「動的なシンクタンク」は実現した、といっていいだろうか。

# 私は「揺らぎ経営」といっているのです。社長と会長のあいだにも意見の食い違いはある。しかし、それをプラスのエネルギーに使う。こうして揺らぐことで、いろいろ調整できる

賀来龍三郎《かくりゅうざぶろう》（キヤノン社長）

賀来龍三郎

一九二六（大正一五）年、大分県に生まれる。五四（昭和二九）年、九州大学経済学部卒業、キヤノンカメラ（現キヤノン）入社。七七（昭和五二）年、社長に就任。多角化と国際化を打ち出し、キヤノンをグローバル企業に成長させた。二〇〇一（平成一三）年没。

賀来龍三郎。とにかくエネルギッシュ、とにかく雄弁。下手をすると、こちらが質問をする隙《すき》さえなくなってしまいそうだ。カメラ専門だったキヤノンが、昭和四〇年代の初め頃から、OA機器へと思い切った多角化を図る。その立役者が賀来だと聞いていた。

「ある事業に失敗し、会社全体が臆病になった頃、私は多角化を進めろと、本気でガンガンいい出したのです」

そう本人も認める。当時、賀来はまだ四〇歳前後の若手だったはずだが、この調子で上司に「ガンガン」いったのかと、私は愉快になった。

「専門業というのはいいのですが、世の中、必ず転換していくわけで、そのときにダメになる。だから企業を永遠に存続させようとすれば、その転換を切り抜けて、生き残らなければならず、となると多角化せざるを得なくなる」

しかし、そこにはリスクもあり、失敗している企業もずいぶんある。そういうと賀来は、「ただし」と続けた。

「第一は周辺事業の多角化からやるべき。専門分野の技術開発と販売ルート、その両方を使える事業からやるべきなんです。いきなり非関連へ飛んだら絶対ダメだ。少なくとも得意の領域に片足を着けながら、重心を移していく……これが大事なんです」

賀来は多角化と並行し、大きな改革を仕掛けた。事業部制の導入だ。

「多角化をやるならば、事業部制以外にないと考えました。ただ、私の組織論は普通の事業部制とは少し違い、『分権』ではなく『中央集権的分権制』だと考えているんです。アメリカの連邦政府、あれが中央集権的分権制です。どんな優秀な人間でも、スパンが長くなると、一人では無理だ。かといって分権にしてしまうと、今度は中心がなくなってしまう」

賀来は、要は「事業部に権限を移譲するが、経営理念、全体の人員配分、資金配分は、中央が持つ」のがいいというのだ。しかし、当然「その兼ね合い、バランス」が重要となる。

「私は『揺らぎ経営』といっているのです。『揺らぎ』を与えるべきだ、と。たとえば、社長と会長のあいだにも意見の食い違いはある。しかし、それをプラスのエネルギーに使う。こうして揺らぐことで、いろいろ調整できるわけです」

賀来がいっていることは理想的ではあるが、私にはとても「高度」な体制に見えた。下手をすると揺らぎが、ギクシャクした確執を生じさせないか。

「それは、お互い愚かでなく賢明になることですよ」。そういって、賀来は弾けるように笑った。「愚かとは私利私欲を追うこと、それを解消するのが人事異動だ」と、賀来はいう。実際に、ラインを長く経験した人をスタッフに異動し、スタッフをラインに異動したという。

「一年経ってみんな慣れてきた。慣れすぎたら、また替えるぞ、といっているのですが、大事なのはここなんだ。視野狭窄《きょうさく》にならない。これはヘッドの仕事です」

賀来の仕掛けた多角化は、キヤノンを情報機器メーカーに、そして日本を代表するグローバル企業に押し上げた。賀来の「揺らぎ経営」の大成功でもある。

# どんな人間でも、社長はそんなに長くやるものではない。特に私みたいなワンマン的手法でやる人間は、八年が限度

真藤《しんとう》恒《ひさし》（ＮＴＴ初代社長）

真藤恒

一九一〇（明治四三）年、福岡県に生まれる。九州帝国大学（現九州大学）工学部造船学科卒業。石川島播磨重工業（現ＩＨＩ）の社長を経て、八一（昭和五六）年、日本電信電話公社総裁に就任、ＮＴＴへ民営化後、初代社長・会長。リクルート事件で、懲役二年、執行猶予三年、追徴金二二七〇万円の有罪判決を受ける。二〇〇三（平成一五）年没。

真藤恒へのインタビューは、いつも真剣勝負だった。気を抜いた質問をすると、鋭く逆襲される
か、そっぽを向かれてしまう。その代わり、懸命に斬り込めば、はぐらかさずに率直に応じてくれ
れ、ドキリとする歯に衣着《きぬ》せぬ言葉を、どんどん口にする。
真藤は、一九八一（昭和五六）年から日本電信電話公社総裁を、八五（昭和六〇）年に民営化して
からはNTT社長を、通算七年半務めた。民間から「親方日の丸」に乗り込んだ真藤が、どうやって、
困難であったであろう民営化を成し遂げることができたのか。
「一挙手一投足だ。一挙手一投足が、そこで働いている人間たちの将来を考えてやっていると分かれ
ば、みんな必ず付いてきます。分かるもんですよ」
真藤は、言葉は穏やか、しかし怖いほど迫力のある目で凝視してくる。私がその迫力に押されてう
なずくと、一転、微笑んでうなずき返した。このとき真藤は、NTT会長に就任したばかりだった。
社長を退き、後進に道を譲ろうと思ったきっかけは、何だったのだろうか。
「どんな人間でも、社長はそんなに長くやるものではない。特に私みたいなワンマン的手法でやる人
間は、八年が限度。一〇年はもってのほか。NTTは民営化があったから、やむなく八年近く務めた。
本当は、これでもちょっと長い」
なぜ、一〇年だと長すぎるのだろうか。
「完璧な人間というのはあり得ませんから、長く社長をやっていると、何とはなしにその人個人の垢《あか》
が溜まってきます。私なら私の垢が累積する。ここで逃げないとダメなんだ。会社がね

じ曲がって、だんだん歪《いびつ》になってしまう」

だから、後継者のことは「トップになったらすぐ考え始める。経営を預かった瞬間から、次の次くらいまではね」と真藤はいう。その後、後継者選びのポイントを尋ねた。

「私心がないこと。これが第一条件だ。自分が長くいようと思って、永田町あたりに首つなぎの運動をするような奴には、絶対に渡さない」

現にそういう人がいて、政界でいろいろな画策があったようだ。相変わらずの「真藤節」であり、真剣の切れ味は、この日も抜群だった。

「とにかく自分の計算をしたら、その場ですぐにやられる。特に、僕のような雇われ経営者の場合はね」

真藤はそう付け加えた。その言葉が、後に私の心に何度も甦《よみがえ》ることになる。

このインタビューをした八八（昭和六三）年、リクルート事件が発覚。私はまだ真藤が株を譲渡されていたことは知らなかったが、事件についての考えを真藤に聞いていた。上場前の株譲渡は、「何でもないことです、どこだってやっていること」と、真藤は違法性を否定した。

しかし翌年、真藤は収賄《しゅうわい》容疑で逮捕され、九〇（平成二）年に有罪判決を受ける。

私も、株譲渡に違法性はなく、リクルート事件は冤罪《えんざい》だったと考えている。しかし、後々まで真藤は悔やんでいたと聞く。違法ではないが、「自分の計算をして、やられてしまった」ということだろうか。有罪判決後、真藤は一切表舞台に立つことはなかった。とても残念だ。

# あとがき――日本人の悲観主義に対し一〇〇人の超前向きなチャレンジャーたちは

私を含めて日本人というのは、どうも現状や将来を悲観的にとらえがちだ。そして、現状を批判しないと気が済まない。ただし、批判すればそれでやるべきことが終わったと思っている。

たとえば、安倍晋三内閣の経済政策、つまりアベノミクスについても、安倍首相や日本銀行の黒田東彦《くろだはるひこ》総裁の思惑は外れて、内需は拡大せず、負債が増えるばかりで、財政破綻の危険性が高い、将来展望が見えない……このように、アベノミクス批判の論文や書籍はたくさん出ているのだが、「では、どうすべきか」という対案は、ほとんど見当たらない。厳しく批判することで、やるべきことはやった、ということになっているのだろうか。

政府の新型コロナウイルス対策にしても、緊急事態宣言があまりにも遅く、しかも内容が曖昧《あいまい》で、PCR検査数も極端に少ない、そして経済対策もコロコロ変わり、しかも給付金の支給が遅れに遅れているうえに、今後の展望も示されていない……などと批判が氾濫《はんらん》している。

だが、それにもかかわらず、新型コロナウイルスによる感染者数も、死者数も、日本はヨーロッパ各国やアメリカに比べて非常に少ない。そしてWHO（世界保険機関）のテドロス・アダノム事務局長は、「日本政府の新型コロナウイルス対策は成功している」とまでいった。

私は、日本政府の対策が成功しているとは思わないが、上記の数字は世界の謎となっている。

私はある大新聞の主筆に、「新聞の役割は政治権力を厳しく監視し、たとえば経済政策や防衛政策の問題を批判することだろうから、日本を代表するような存在になった以上、対案も示すべきではないか」と問うたことがある。すると私が信頼するこの人物は、次のように答えた。

「本当に対案を作り上げようとすると、まず専門の研究所を作らなければならない。そのためには、相当の資金が必要になる。何年もの時間がかかる。何よりも、政府の政策立案者以上の能力のある専門家が必要だ。これは、非常に難しい」

主筆は、顔をしかめて、首を振りながらいった。

「それに対して、監視や批判ならば、がんばればできる。それに新聞というのは、苦労して対案を示すよりも、厳しい批判を展開したはうが、売れ行きが伸びる」

主筆の説明にはリアリティがあった。どうも、日本の読者は、現状をどうすれば改革できるかという、いささか面倒な論調よりも、ストレートな批判記事のほうを好むということか。

そういえば、日本の野党各党は、政府や自民党の政策を厳しく批判するが、対案らしいものはまったく示さない。野党議員たちは、自民党を厳しく批判していれば当選できるし、批判だけなら面倒な努力をする必要がないからだ。ただし、政権奪取の可能性はまったくない。また、そんな気持ちも抱いていないのではないか。

そこで、かつて松下電器産業（現パナソニック）の創業者である松下幸之助氏から聞かされて、いまでも私の主要な柱の一つとなっている言葉を紹介したい。

「あなたが、社員を関連会社の社長などに抜擢《ばってき》するとき、社員のどこを買うのですか。頭の良さですか」。そう私が問うと、松下氏は「頭の良さなど関係ない。僕は中学の受験に失敗している」と笑って答えた。

「それでは身体が丈夫なことですか」

「それも関係ない。僕は二〇歳のときに結核になり、半病人として経営している」

「それでは、誠実さですか」

「それも関係ない。経営者が社員とまともに向かい合っていれば、社員たちは誠実になる。社員が誠実になるか、不誠実になるかは、経営者次第です」

「それでは、どこを見るのですか」

「大変な難問にぶつかったとき、悲観的にならず面白がって、どこまでも前向きにチャレンジできる人間かどうかです。トップが悲観的になれば、社員がみんな悲観的になりますからね」

この書に登場した一〇〇人は、いずれも、超前向きなチャレンジャーたちである。

なお、本書の企画の段階から本郷明美氏と間渕隆氏に全面的な協力を得た。心から感謝を申し上げる。

二〇二〇年夏

田原総一朗《たはらそういちろう》

著者　田原総一朗（たはら・そういちろう）
1934年、滋賀県に生まれる。1960年、早稲田大学を卒業後、岩波映画製作所に入社。1964年、東京12チャンネル（現テレビ東京）に開局とともに入社。1977年、フリーに。テレビ朝日系『朝まで生テレビ！』『サンデープロジェクト』でテレビジャーナリズムの新しい地平を拓く。1998年、戦後の放送ジャーナリスト一人を選ぶ城戸又一賞を受賞。
著書には、『戦後日本政治の総括』（岩波書店）、『日本の戦争』（小学館）、『創価学会』（毎日新聞出版）、『塀の上を走れ　田原総一朗自伝』（講談社）などがある。

# 伝説《でんせつ》の経営者《けいえいしゃ》100人《ひゃくにん》の
# 世界一《せかいいち》短《みじか》い成功哲学《せいこうてつがく》

---

2020年8月7日　第1刷発行

---

著　者　　田原総一朗
装　幀　　川島 進
発行人　　高橋 勉
発行所　　株式会社白秋社
〒102-0072
東京都千代田区飯田橋4-4-8 朝日ビル5階
電話　03-5357-1701
発売元　　株式会社星雲社（共同出版社・流通責任出版社）
〒112-0005
東京都文京区水道1-3-30
電話　03-3868-3275／FAX　03-3868-6588
印刷・製本　株式会社新藤慶昌堂
校正　　得丸知子


ISBN 978-4-434-27745-0